G. DU BOSCQ DE BEAUMONT ET M. BERNOS

LA FAMILLE D'ORLÉANS PENDANT LA RÉVOLUTION

D'APRÈS

SA CORRESPONDANCE INÉDITE

PARIS
ÉMILE-PAUL FRÈRES, ÉDITEURS
100, rue du Faubourg-Saint-Honoré

1913

LA

FAMILLE D'ORLÉANS

PENDANT LA RÉVOLUTION

DES MÊMES AUTEURS

La Cour des Stuarts à Saint-Germain-en-Laye

Paris. Émile-Paul Frères, 1912. In-8°. . . 5 fr.

Ouvrage couronné par l'Académie française (Prix Thiers).

G. DU BOSCQ DE BEAUMONT ET M. BERNOS

LA FAMILLE D'ORLÉANS PENDANT LA RÉVOLUTION

D'APRÈS

SA CORRESPONDANCE INÉDITE

PARIS
ÉMILE-PAUL FRÈRES, ÉDITEURS
100, rue du Faubourg-Saint-Honoré
1913

A L'INSTITUT DE FRANCE

Hommage reconnaissant.

LA FAMILLE D'ORLÉANS
PENDANT LA RÉVOLUTION

INTRODUCTION

Les lettres inédites dont nous publions ici des extraits furent saisies parmi les papiers de Louis-Philippe-Joseph d'Orléans, au moment de l'arrestation de ce prince en 1793. Une partie de ces papiers étant tombée entre les mains de Claude Beugnot, son petit-fils les légua en 1900 à la bibliothèque de l'Institut où ils sont conservés sous le nom de *Fonds d'Orléans*.

Une note manuscrite du donateur établit de la façon suivante l'authenticité de ces précieux documents :

« Mon grand-père, député constitutionnel de l'Aube à l'Assemblée législative, fut emprisonné à la Force pendant toute la Terreur ; sauvé par le 9 thermidor, il resta quelque temps à Paris, cherchant à reprendre sa place au barreau ; à cette époque, il rencontra souvent M. J. Fiévée, journaliste très connu... C'est Fiévée qui donna, en 1795, à mon grand-père ces documents auxquels, à cette époque, on ne pouvait attacher aucune importance... Comment ces papiers étaient-ils tombés dans les mains de Fiévée ?... Je l'ignore, et mon père ne le savait pas davantage ; mais voici ce qui semble certain : Philippe Egalité fut arrêté à Paris et enfermé à l'Abbaye le 5 avril 1793, dès que la nouvelle de la défection de son fils Chartres (Louis-Philippe) avec Dumouriez arriva dans la capitale. Le père avait été pris comme otage au lieu et place du fils décrété d'accusation et mandé à la barre de la Convention ; au moment où il fut arrêté, on saisit évidemment chez lui, à Paris, tous les papiers qui furent transportés à la Commune ou au domicile de l'accusateur public. Après le 9 thermidor, la réaction fit également vider les tiroirs des hommes de la Terreur, et on passa de mains en mains, avec le désordre et le manque absolu de contrôle de l'époque, les papiers provenant de ces perquisitions [1]...

« A qui vais-je laisser ce précieux recueil ? Je ne vois personne autour de moi capable de s'y intéresser, ou même de continuer soigneusement la garde de ce dépôt aujourd'hui centenaire chez nous.

« Cte Beugnot.

28 avril 1896.

« J'ai décidé de le léguer à la bibliothèque de l'Institut en souvenir de mon père qui fut membre de l'Académie des Inscriptions et Belles-Lettres de 1832 à 1866.

« Cte Beugnot. »

18 mai 1900.

(XLVIII, 3.)

***

Ce legs est renfermé dans un carton portant les cotes MSS. N. S. T. XLVIII à LV inclus.

Les documents publiés dans cet ouvrage sont extraits de XLVIII qui contient 343 pièces détachées ; de L et LI, volumes reliés qui se composent,

[1] Des lettres ayant la même origine que celles recueillies par Fiévée furent publiées en 1800 sous le titre de *Correspondance de L.-P.-J. d'Orléans.*

le premier, de 26 lettres autographes, et le second, de 83 (*Correspondance de la duchesse d'Orléans*).

Les autres tomes renferment, pour la plupart, des pièces de provenances diverses.

De ce *Fonds d'Orléans*, 60 pièces environ ont été imprimées en 1800 dans la *Correspondance de Louis-Philippe-Joseph* publiée par Roussel, et dans les journaux du temps ; le comte Beugnot en a aussi donné 15 à l'*Intermédiaire des Chercheurs et des Curieux* (13, le 30 juillet 1894, 2, le 20 juillet 1897). Nous avons jugé utile de citer ces dernières, d'ailleurs peu connues. A l'exception de cet emprunt et de quelques courts extraits de la *Correspondance* publiée en 1800, tous les documents mis aujourd'hui sous les yeux du public sont inédits.

Ce n'étaient pas des secrets politiques, de scandaleuses révélations que renfermaient ces feuillets jaunis : seule y dormait, depuis plus de cent ans, l'âme d'une famille.

PREMIÈRE PARTIE

LA DUCHESSE D'ORLÉANS ET MADAME DE GENLIS

PREMIÈRE PARTIE

LA DUCHESSE D'ORLÉANS ET MADAME DE GENLIS

Caractères de la duchesse d'Orléans et de Mme de Genlis. — La lanterne magique au Palais-Royal. — Dissentiments entre la princesse et son mari au sujet de la gouvernante et de l'éducation de leurs enfants. — La duchesse d'Orléans quitte le Palais-Royal pour se réfugier chez son père, le duc de Penthièvre (5 avril 1791). — Opinion de ce prince sur le clergé constitutionnel; conseils qu'il donne à ses petits-enfants. — La duchesse d'Orléans introduit une demande en séparation. — Intervention de la princesse de Lamballe. — Difficultés entre le duc d'Orléans et Mme de Genlis qui, voyageant en Angleterre avec Madame Adélaïde, refuse de ramener en France son élève. — Correspondance des enfants d'Orléans; les ducs de Chartres et de Montpensier à l'armée du Nord; leur vie militaire; batailles de Valmy et de Jemmapes. — Lettres de la duchesse d'Orléans à ses fils Chartres et Beaujolais. — Mort du duc de Penthièvre. — Dernières lettres échangées, à cette occasion, entre Philippe d'Orléans et sa femme (mars 1793). — Conclusion.

I

« Le public est le tribunal auguste qui peut seul venger la vertu d'une infinité de calomnies que les lois ne punissent pas. Son opinion forme des décrets respectés [1]. »

C'est à ce tribunal réclamé par Mme de Genlis [2], et où elle-même a cité la duchesse d'Orléans, que nous en appellerons aujourd'hui, car le public n'entendit alors que la voix de celle dont la douce duchesse disait : « Cette femme à laquelle je n'ai jamais fait de mal et dont je ne parle qu'avec des sanglots. [3] » De fait, lorsque Louise-Marie-Adélaïde réclamait éperdument ses enfants livrés à la dominatrice gouvernante, ses larmes seules la défendirent devant l'opinion.

Aujourd'hui Madame d'Orléans répond. Ses lettres admirables et navrantes, monument de tendresse maternelle, diront, dans une langue inconnue à Mme de Genlis, les souffrances et les humiliations de l'épouse, le martyre de la mère,

[1] *Leçons d'une gouvernante.*

[2] Le « gouverneur des Princes », s'est successivement appelé comtesse de Genlis, second titre de la famille Brûlart (conservé comme nom de plume), marquise de Sillery, à dater d'un héritage, et enfin, pendant la Révolution, citoyenne Brûlart.

Il est désigné de ces trois façons au cours des correspondances. Afin d'en faciliter la lecture, nous avons, à regret, adopté l'orthographe actuelle, maintenant, toutefois, les *o* à la place des *a*.

[3] Baron de Maricourt. *La duchesse d'Orléans* (*Le Gaulois* du 17 décembre 1910).

dépossédée de ses enfants qu'elle aimait « *si tant !* » Elles éclaireront aussi d'un jour, sinon inattendu, du moins précis, la période la plus cruelle d'une vie qui n'offre qu'une trame ininterrompue de douleurs.

Déjà, la publication récente d'une correspondance [1] entre Louis-Philippe d'Orléans et Mme de Genlis a levé tous les doutes sur une question assez controversée. L'affirmation contenue dans la célèbre lettre écrite en 1790 par la duchesse d'Orléans à son mari : « Les torts que je reproche à Mme de Genlis existent et ne peuvent être détruits ni par son journal ni par tout ce qu'elle pourra vous dire ; *c'est moi qui ai vu et entendu tout ce qui m'a déplu* [2] » est désormais justifiée : Mme de Genlis fut la maîtresse du duc d'Orléans. Cette certitude achèvera d'éclairer le point qui, jusqu'ici, n'avait pas été fixé : le rôle de Mme de Genlis dans le mémorable conflit où elle triompha ; de même, les lettres de la duchesse donneront leur véritable aspect aux acteurs du drame intime qui commença de bouleverser la famille d'Orléans avant que ne

[1] Maugras. *L'idylle d'un gouverneur.*

[2] *Correspondance de L. P. J. d'Orléans.*

le dénouât, d'une façon sanglante, le drame national.

Pour Philippe et Mme de Genlis, elles apportent surtout la confirmation de choses pressenties ; il en est autrement quant à la duchesse d'Orléans ; ses lettres la révèlent.

Au moment où la fille du duc de Penthièvre fut unie à Louis-Philippe-Joseph d'Orléans, duc de Chartres, l'épousée de seize ans n'attira guère que l'attention imposée par son rang, son immense fortune, de charmantes promesses de beauté. Ce fut un mariage d'amour, tout au moins du côté de Marie-Adélaïde qui déploya, pour vaincre la résistance de son père, une obstination et une fermeté singulières chez une si jeune fille soumise par caractère et par éducation.

Si, sous le rapport des avantages extérieurs, cette union répondait à celles qu'on qualifie de « bien assorties », jamais, peut-être, contraste moral n'apparut plus complet. A quel mystère psychologique attribuer l'irrésistible inclination de la pieuse fille du duc de Penthièvre pour un prince, non pas seulement sceptique, mais encore tirant vanité de principes étrangers à ceux qu'elle avait reçus, et d'une existence un peu plus que frivole ? Avait-elle, dans une naïve ardeur de prosélytisme, conçu l'espoir que sa tendresse redresserait l'œuvre d'une éducation viciée ? Cette tâche ne manquait pas d'attraits, d'autant mieux qu'elle se présentait aux yeux de la mystique enfant sous les espèces d'un homme jeune, aimable, séduisant, du plus beau cavalier du royaume, disait-on.

L'étrange frisson, le délire des idées qui agitaient alors la société et commençaient d'en ébranler les institutions, les mœurs, s'étaient arrêtés au seuil de la demeure du vieux duc. Marie-Adélaïde avait grandi enveloppée dans les voiles de la tradition. On avait apporté peu de soin à étendre son savoir ; mais celui qu'enseigne la race, l'arrière-petite-fille de Louis XIV le possédait bien. Elle entrait dans le mariage pénétrée du principe religieux qui en est l'essence : la soumission à l'époux.

C'est l'observation rigoureuse de ce précepte, à l'heure où l'on était impatient de tout joug, c'est sa dignité réservée, son effacement volontaire, c'est toute cette force enfin, prise pour de la faiblesse, qui durent à la duchesse d'Orléans d'apparaître comme douée d'une nature froide, sans originalité, sans relief. Ses lettres apprendront la valeur de ce jugement.

Le jeune ménage fut d'abord heureux. Contrairement à ce qu'on pensait, il n'y eut pas d'abord de heurt d'opinions.

La duchesse d'Orléans, toute en tendresse, ne songeait point à gouverner son mari. Elle l'aimait trop pour contrarier ses fantaisies. Docile, elle se prêta à ses allures démocratiques[1]. La naissance du duc de Valois, le futur Louis-Philippe, suivie, à deux années d'intervalle chacune, de celles du duc de Montpensier, de deux jumelles, Mesdemoiselles d'Orléans et de Blois ; puis celle du comte de Beaujolais, semblent devoir affermir un bonheur qui permet à Louis-Philippe-Joseph de manifester la seule qualité qu'on ne lui dénia jamais : d'être un excellent père.

Peu s'en fallut même qu'il ne passât, par surcroît, pour un excellent époux. A ce moment encore, la duchesse de Chartres, dans tout l'épa-

[1] Le 15 juillet 1789 elle retient à souper l'envoyé de l'Hôtel de Ville et invite les gentilshommes et les dames de sa suite à porter avec allégresse « la santé des bons citoyens de Paris et des courageux vainqueurs de la Bastille ». Chassin. *Les élections et les cahiers de Paris en* 1789, t. II, p. 555.

nouissement de sa beauté blonde et fine, apparaît insouciante et joyeuse aux féeries de Versailles.

C'est alors que Félicité du Crest, comtesse de Genlis, entre en scène, avec sa harpe, sa beauté, sa souple intelligence. Il faut y joindre cet art de converser qui fit dire plus tard : « Le mot aimable semble avoir été créé pour la conversation de Mme de Genlis. »

Ainsi armée, elle franchit la porte du Palais-Royal par où passèrent en même temps les discussions, les querelles, la ruine de tout bonheur conjugal.

Les contemporains de Mme de Genlis, diversement impressionnés par les charmes de sa personne physique, nous en léguèrent un portrait fixé maintenant dans toutes les mémoires.

La réputation du savoir de Félicité du Crest, qui ne s'embarrassait pas de scrupules de modestie, commençait à s'établir. Elle était bien, quoiqu'elle s'en défendît plus tard, fille de l'*Encyclopédie*. Encyclopédique était son cerveau, certes robuste, mais à la manière d'une machine aux ressorts bien établis.

La singulière éducation qu'elle dépeint dans ses

Mémoires n'avait d'abord développé que son imagination qui, prenant les ailes du costume grotesque dont, enfant, elle allait affublée [1], la porte à toutes les connaissances sans qu'aucune ne la fixe d'abord. Ouvrière diligente et avisée, elle engrange ; la récolte se trouvera bientôt assez abondante pour qu'elle puisse faire ostensiblement état d'une science imposante en surface, mince en profondeur. Cette culture, mise au service de sa passion de dominer, fera naître la pédagogue. C'est surtout à ce titre que Mme de Genlis retiendra ici notre attention, car c'est à lui que la duchesse d'Orléans doit tout son malheur, et que nous devons, nous, ses lettres qui le dévoilent.

Quand, à force d'habileté et d'intrigue, Mme de Genlis pourra appliquer aux enfants de Philippe d'Orléans son système d'éducation, elle y accommodera Rousseau à ses idées personnelles, quelquefois justes, souvent ingénieuses, toujours intransigeantes.

Ce plan, elle le suivra avec une méthode, un esprit de suite qui ne laissent pas d'étonner chez

[1] On sait que Félicité du Crest fut, pendant une période de son enfance, habillée en amour.

une femme que sollicitaient encore d'autres soins moins sévères. S'instruire sans cesse sur toutes choses, cultiver ses talents, écrire, causer, élever des princes, intriguer, politiquer, on demeure confondu d'un tel labeur. Nous savons, en outre, qu'elle y ajouta le temps d'aimer, car on ne peut méconnaître qu'il passe, au moins dans ses premières lettres à son amant, un souffle de sensibilité ; puis le temps de s'aimer, le culte du *moi* ayant été poussé rarement à des limites aussi extrêmes.

Telle est la femme qui enleva à la jeune duchesse d'Orléans, au lendemain même de son mariage, son époux, puis le cœur de ses enfants.

A l'heure où il se place, le conflit prend des proportions singulières. Le dégageant des circonstances pathétiques qui l'entourent, ne peut-on y voir l'image de la lutte suprême engagée par l'éducation telle qu'elle était entendue sous l'ancien régime avec celle que vont réclamer des temps nouveaux ? Dans ce moment et sous cet aspect, Mme de Genlis apparaît comme la femme de demain ; la duchesse d'Orléans comme la femme des temps accomplis.

Par quels moyens, servis par quels événements, Mme de Genlis s'empara-t-elle sans restriction du droit que réclame uniquement, inlassablement la duchesse : celui d'élever ses enfants ? Car une particularité ne manque pas de frapper dans ces lettres où se montre sous son vrai jour la rivalité des deux femmes : l'homme en disparaît complètement, les enfants seuls deviennent l'enjeu. L'épouse trahie, délaissée, ne laisse entendre ni plaintes ni récriminations ; elle fait plus : elle admet, elle consent... C'est la mère seule qui crie sa tendresse, sa douleur. On comprend alors de quel abîme de souffrances jaillissent ces lignes de la lettre citée plus haut, et la concession jugée si étrange de la part d'une femme aimante, d'une épouse chrétienne. Voici, en effet, comment elle en arrive à envisager le lien que son mari forme avec Mme de Buffon qui fut la seule et durable passion de Philippe :

« Je vous avoue que dans le principe de votre liaison avec elle j'ai été au désespoir : accoutumée à vous voir des fantaisies, j'ai été effrayée et profondément affectée lorsque je vous ai vu former un lien qui pouvoit m'ôter votre amitié, votre confiance. La conduite de Mme de Buffon [1],

[1] Françoise-Marguerite Bouvier de Cépoy, mariée en 1784 à Louis-Marie Le Clerc, comte de Buffon, colonel de cavalerie,

depuis que vous tenez à elle, m'a fait revenir sur les préjugés que l'on m'avoit donnés contre elle : je lui ai reconnu un attachement si vrai pour vous, un désintéressement si grand, et je sais qu'elle est si parfaite pour moi, que je ne puis pas ne pas m'intéresser à elle. Il est impossible que quelqu'un qui vous aime véritablement n'ait des droits sur moi : aussi, en a-t-elle de véritables, et vous pouvez encore, sur ce point, être sans gêne avec moi. »

Mais elle ajoute : « Vous me dites que Mme de Sillery *fait votre bonheur*, qu'elle m'aime. Je vous avoue que, quand vous me dites ces choses-là, elles me tuent[1]... »

Ainsi pour Marie-Adélaïde, le sacrifice est consommé. C'est elle-même qui va maintenant, par ses lettres, nous retracer chaque pas de sa voie douloureuse.

Nous y verrons également se préciser le plan de Mme de Genlis.

Elle s'est, dans ses *Mémoires*, étendue assez complaisamment sur les circonstances de son

décapité en 1794. Il était fils de l'illustre savant. Les relations du duc d'Orléans avec Mme de Buffon déterminèrent entre elle et son mari une séparation convertie en divorce en 1793.

[1] Correspondance citée.

entrée au Palais-Royal, sur l'ascendant qu'elle y prit, ses succès de toute nature, la vanité qu'elle tira du titre singulier de *Gouverneur des Princes*, pour que nous n'insistions pas sur cette période qui va de 1770 à 1789. Ce dont nous ne pouvons douter, c'est que, comprenant qu'elle n'avait pas à compter sur la constance de son amant, elle pouvait, en revanche, tout attendre d'une faiblesse de caractère savamment exploitée. Aussi son parti est tôt pris ; le mot de maîtresse aura désormais pour elle le sens qui convient à sa vanité : elle gouvernera à son gré le prince et sa famille, exercera son empire sur les enfants qui l'appelleront un jour leur « véritable mère ».

Sans défiance, la duchesse voit croître cette affection qu'elle juge naturelle chez des élèves reconnaissants : elle-même ne cesse de marquer, par des bontés, sa gratitude pour une intelligente et dévouée collaboratrice qui sait à merveille tirer tout ce qu'on peut attendre des dons naturels des jeunes princes.

Leur heureux caractère, leur primesautière gaieté éclairent alors les dernières réunions familiales que connut le Palais-Royal avant les heures tragiques de la Révolution.

Une scène charmante semble faite pour indiquer ici le tour d'esprit, la fraîcheur de sentiments qui y présidaient. Mme de Genlis, on le sait, avait imaginé d'enseigner, au moyen de la lanterne magique, l'Histoire et la Géographie à ses élèves. Ceux-ci, espiègles, y mêlent, non sans malice, d'autres éléments moins austères, ainsi qu'en témoigne le scénario suivant. Ces petits tableaux, où se manifeste le sens singulièrement observateur des enfants, peignent ingénument et sur le vif les traits caractéristiques de leur entourage. A ces titres, ils méritent d'être reproduits.

LA LANTERNE MAGIQUE AU PALAIS-ROYAL

1er TABLEAU. — *Henri IV et la belle Gabrielle.*

Regardez bien, Messieurs, Mesdames, voilà le bon roi Henri IV. Regardez bien, un bon roi est si bon à voir, et puis c'est le grand-papa de la Maison. Oh! comme il est bien aise d'être ici, il en danse de joie et il dit en regardant ses petits enfants : — Je les reconnois car ils me ressemblent. Et allons donc, le voilà qui danse avec la belle Gabrielle, la la la la la!

2e TABLEAU. — *Un carrosse et des jocquets (sic).*

A présent, nous allons voir une course. Voyez-vous, dans ce carrosse, Mme la duchesse de Chartres ? Elle a parié, devinez pour qui, Messieurs, Mesdames, cela n'est pas bien difficile, et voilà les jocquets et voilà celui de Mgr le duc de Chartres, etc.

3e TABLEAU.

A présent, nous allons voir le fameux voyage d'Italie de Mme la duchesse de Chartres. Vous allez voir le courage, l'intrépidité de cette grande princesse qui parcourt une corniche aussi facilement qu'un chat parcourt une gouttière. La voilà d'abord sur l'humide élément, je veux dire la mer. Voyez-vous les efforts que fait la princesse, c'est qu'elle a le mal de mer. Admirez avec quelle dignité elle se soulage dans un pot de chambre, mais c'est qu'il n'y a pas d'autre vase sur la felouque, et puis voilà Mlle de Rully et la comtesse de Genlis qui ont l'honneur d'imiter la princesse et qui vomissent à qui mieux mieux.

4e TABLEAU.

Voyez-vous la princesse et ses dames en laitières, je veux dire en litières; voyez cet homme qui baise les mains de la princesse, c'est un consul. — Eh Monsieur, finissez donc... — Cara principessa, cara principessa. — Les entendez-vous? La princesse se désole, mais le consul tient bon, n'ayez pas peur qu'il lâche prise; mais voilà les porteurs qui marchent, les voilà partis.

5e TABLEAU. — *Mme de Genlis se débattant dans un lit avec une folle qui veut l'étrangler.*

Voilà la comtesse de Genlis dans son lit prête à être étranglée, voyez-vous comme la folle lui serre la gorge, etc. La comtesse de Genlis écrira cette mémorable aventure sur son journal, elle voudroit qu'il lui en arrivât tous les jours autant. Les folles sont communes, mais heureusement les étrangleuses sont rares.

6e TABLEAU. — *M. le duc de Chartres piquant des points.*

Voilà Mgr le duc de Chartres s'exerçant pour le fameux pari des points. Il pique, pique, un, deux, trois, quatre, cinq, six, sept, huit, il faut qu'il aille jusqu'à cinq mille; admirez combien ce prince est aimable et surtout piquant, etc. [1].

[1] « Le duc d'Orléans a toujours conservé la légèreté de l'enfance, et je l'ai vu bien souvent s'amuser de niaiseries. » Comte de La Marck. *Mémoires.*

7e Tableau. — *Mme la duchesse de Chartres avec Scipion sur ses genoux.*

Voilà Mme la duchesse de Chartres avec son nègre. Voyez comme le jeune enfant badine joliment et délicatement sur les genoux de la princesse, admirez la gentillesse de ce petit négrillon, comme il est doux, mignon, la finesse de sa taille, etc.

8e Tableau. — *Mgr l'évêque de Nancy ramassant un chapeau avec ses dents.*

Voilà Mgr l'évêque de Nenni, je veux dire de Nancy, qui ramasse un chapeau avec ses dents. Il l'aura, il ne l'aura pas, ma foi, l'y voilà, il le tient, le voilà qui s'en va pour faire place à Madame sa mère.

9e Tableau. — *Mme de Montauban mangeant un plaisir.*

Voilà donc Mme la comtesse de Montauban qui mange un plaisir, car cette vertueuse dame ne prend jamais que d'innocents plaisirs. Admirez sa sobriété [1], au lieu d'un foie gras, d'un dindon, d'un cochon de lait, elle ne mange qu'un simple

[1] « La vieille comtesse de Montauban n'avait de remarquable qu'une gourmandise et une distraction plaisantes. » Mme de Genlis. *Mémoires.*

croquet, voilà un bel exemple, Messieurs, Mesdames, admirez, admirez.

10° TABLEAU.

Voilà M. d'Osmont[1] éternuant au soleil, admirez son déshabillé galant. Il s'est levé un peu tard parce qu'il a passé la nuit à jouer au wist.

11° TABLEAU.

Voilà la comtesse de Rochambeau[2] entre les deux petits princes. Voilà de beaux enfans, et qui promettent bien. Mme de Rochambeau leur distribue des faveurs, à l'un un joujou, à l'autre un bonbon. Aussi ils aiment maman Bo de tout leur petit cœur.

12° TABLEAU.

Voilà le vénérable abbé de Maigrepin, de Magetin, je veux dire, chantant une petite chansonnette.

[1] « Le comte d'Osmond, spirituel, naturel et distrait, était aimé de tout le monde. C'est lui qui, le jour de son mariage, oublia qu'il était marié et ne se rendit point au dîner de noces. » *Loc. cit.*

[2] « Gouvernante des enfants des princes de la Maison dans leur première enfance, était déjà fort âgée, mais elle avait la plus belle vieillesse que j'aie vue. » *Loc. cit.*

13e TABLEAU.

Voilà Mme la marquise de Polignac parfilant. Elle est à l'ouvrage depuis dix heures du matin. Si quelqu'un de la compagnie vouloit lui donner une bobine, elle trouveroit toutes mes plaisanteries excellentes.

14e TABLEAU.

Voilà MM. de Schomberg et de Thiars [1] jouant aux échecs ; admirez l'attention de ces deux personnages, mais je vois bien que vous aimeriez mieux les entendre parler que de les voir jouer aux échecs, ainsi passons à un autre.

15e TABLEAU.

Voilà M. le marquis de Roquefeuille, il a un rateau sous le bras, mais il croit que c'est son chapeau, cela revient au même. Il va peut-être mettre tout à l'heure son rateau sur sa tête, car voyez-vous, Messieurs, Mesdames, c'est un homme qui est capable de tout.

Ainsi finit l'histoire.

(XLVIII, 336).

[1] « Le comte de Schomberg avait beaucoup d'esprit et d'instruction et un caractère très loyal... Le comte de Thiars passait pour être l'homme le plus aimable de la société ; malgré une laideur remarquable, il avait inspiré des passions célèbres. » *Loc. cit.*

Ces aimables récréations, qui se placent aux environs de 1785, vont bientôt prendre fin. Comme sur un écran tragique, de sombres tableaux se dérouleront au Palais-Royal quand toute cette jeunesse et cette gaieté le quitteront pour Bellechasse où règne l'autorité souveraine de Mme de Genlis.

II

En 1789, Madame d'Orléans introduit quelque froideur dans ses relations avec la gouvernante. Cette attitude n'a qu'une seule cause, puisqu'on doit écarter celle qui en semblait l'explication naturelle : la jalousie. Marie-Adélaïde sent que deux périls la menacent en ses enfants qui grandissent et s'individualisent. Exploitant la tendresse instinctive et naïve qu'ils professent pour leur éducatrice, celle-ci accapare chaque jour davantage l'esprit et le cœur de ses élèves, reléguant à l'arrière place la mère inquiète d'abord, bientôt désolée. Influence redoutable dans les circonstances présentes, car la duchesse n'ignore rien des tendances de Mme de Genlis, et pressent qu'elles engagent son mari et ses fils dans une voie qui lui apparaît funeste. L'émotion que lui avaient causée les journées d'octobre, les accusations portées contre son mari, la marche que prenait cette révolution, objet de tant de généreux espoirs, l'éloignèrent d'opinions que son amour pour Philippe avait été si près de lui faire adopter.

On sait qu'à la suite de ces événements, La Fayette avait exigé l'envoi du duc d'Orléans en Angleterre sous couleur d'une mission secrète. C'est de là que le prince écrit à sa fille ces charmantes lettres dont la seconde prouve à quel point le mal est profond et Philippe subjugué :

A Londres, ce 20 nov. 1789.

« J'ai reçu, ma chère petite enfant, une petite lettre de vous bien gentille, et qui m'a fait beaucoup de plaisir. Je ferai toutes vos commissions. Vous aurez bientôt, par la première occasion, maroquin bleu, maroquin jaune et longues chaînes d'acier pour le col. Je ne sais pas trop bien ce que vous voulez dire, mais je m'en informerai avant de faire l'acquisition. Embrassez, de ma part, et de bien bon cœur votre amie, je suis charmé qu'elle soit contente de vous. J'ai reçu hier une lettre d'elle à laquelle je répondrai incessamment. J'espère qu'un de vos frères vous a embrassée de ma part ; baisez-les tous les trois, j'aime que mes enfants se baisent, et je voudrois en faire autant, car je les aime bien de tout mon cœur et de toute mon âme.

« Adieu, ma chère petite fille, écrivez-moi de temps en temps, vous me ferez plaisir. »

(XLVIII, 52.)

A Londres, ce 1er janvier 1790.

« Je vous embrasse de tout mon cœur, ma chère petite, pour le premier jour de l'an, tout comme si j'étois à Paris. Baisez de ma part votre amie [1], et encore plus fort, si cela se peut, que si c'étoit pour vous toute seule. Embrassez chacun de vos frères pour moi. Je vous envoie les marocains, la chaîne que vous m'avez demandée, je crois que c'est cela que vous vouliez dire. Si je me suis trompé, mandez-le moi. J'y joins un petit éventail, parce qu'il m'a paru joli. J'espère avoir de vos nouvelles bientôt, et cela me fera plaisir, car je vous aime de toute mon âme. Contentez bien votre amie, rendez-la bien heureuse, c'est le plus grand

[1] Mme de Genlis.

plaisir que vous puissiez me faire. Adieu, ma chère petite fille. »

(XLVIII, 53.)

Résolue, la duchesse entre en lutte et demande nettement le congé de Mme de Genlis. Philippe, alors de retour en France, refuse, redouble d'égards envers la gouvernante froissée et essaye de rétablir l'accord. Vains efforts, la duchesse ne daigne même pas jeter les yeux sur l'apologie préparée par sa rivale qui n'y ménage pas ses protestations de désintéressement, de « pure amitié », etc.

Un dernier incident met le feu aux poudres : le duc de Chartres s'est fait recevoir au club des Jacobins... La mesure est comble. C'est alors que la lettre fameuse dont nous avons dû citer quelques extraits ouvre la lutte qui va mettre en présence le père et la mère sur le terrain de leurs droits respectifs. [1]

Sur un accord mutuel, il avait été décidé que la question serait traitée par écrit, Madame d'Orléans pensant que : « quand on discute, avec quelqu'un que l'on aime, un objet intéressant, on est bien

[1] Voir à l'*Appendice* un fragment de cette lettre relatif à la réception du duc de Chartres aux Jacobins.

exposé à s'échauffer... » et elle ajoute : « Je sens que c'est ce qu'il faut éviter entre nous ».

Quels efforts, cependant, ne devra-t-elle pas faire pour que ce mode de communiquer restât tel qu'elle l'avait espéré. La situation liée au cours des événements politiques va s'aggraver rapidement et la querelle s'envenimer.

La duchesse, qui répugnait à trouver Mme de Genlis en tiers avec ses enfants, n'allait plus que rarement les voir à Bellechasse. Il avait été convenu que ceux-ci viendraient, trois fois par semaine, dîner au Palais-Royal. Au mois de mars 1790, le duc de Chartres prévient sa mère qu'il ne pourra plus y venir que deux fois. Evidemment le jeune prince, entrant avec la fougue de son âge dans les idées nouvelles, préfère, à la tendre intimité des repas maternels, les réunions de Monceaux où son juvénile enthousiasme s'avive aux propos de Pétion, Voidel[1], Barrère. Madame d'Orléans répond à ce cruel empiétement sur ces chères réunions en rompant définitivement avecM^{me} de Genlis et en exigeant, cette fois, son départ.

[1] Avocat, député à la Constituante, membre du club des Jacobins. Il fut un des amis les plus dévoués de Philippe qu'il défendit devant le tribunal révolutionnaire.

Père et enfants considèrent cette extrémité comme une catastrophe et s'unissent dans une commune résistance. Après de longues discussions, on parvient encore à faire accepter à la duchesse une sorte de *modus vivendi* qu'elle résume ainsi :

« Ce que je désire est d'être consultée sur ce qui regarde l'éducation de mes enfants, et je me flatte bien que nous serons souvent d'accord, mais quand cela ne sera pas, après vous avoir fait des représentations et vous avoir dit mes raisons, je me soumettrai et ce sera moi qui vous répondrai que votre volonté sera exécutée. Je désire en être l'instrument et je ferai avec grand plaisir tous les sacrifices de temps nécessaires pour remplir cet objet...

« Vous semblez craindre que je communique à mes enfants mes opinions. Vous vous trompez bien, je les aime trop pour cela, et je sens que ce seroit faire leur malheur que de leur donner de l'humeur contre un état de choses qui s'établit et sous lequel ils sont destinés à vivre ; mais je ne les porterai jamais à l'exagération et je leur conseillerai d'avoir une opinion à eux. »

(LI, 4.)

Comment Mme de Genlis se conforma-t-elle aux conventions nouvelles ? La duchesse elle-même va nous l'apprendre :

« Il vient de m'arriver la chose la plus inconcevable, la plus imprévue ; vous savez que ma fille m'avoit dit que Mme de Sillery comptoit venir dîner aujourd'hui, que je lui avois répondu suivant nos conventions, etc., quand je vous parlai de cette histoire, vous la traitâtes de radotages, etc., et en effet, j'avois bien cru aussi de même que c'en étoit un de la part de la petite, car nos conventions étoient si claires qu'il me paraissoit impossible que Mme de Sillery osât y manquer d'une manière si manifeste ; eh bien, malgré ce que vous me dites alors, cher ami, c'est cependant ce qui arriva ; mes fils viennent de me dire dans l'instant que, quand même j'irois chercher ma fille, elle viendroit de son côté, qu'ils étoient chargés de sa part de m'en prévenir ; j'oubliois de vous dire que ma fille me répéta encore hier qu'elle devoit (Mme de Sillery) dîner chez moi et que je lui répondis de même, et qu'elle se trompoit sans doute, que je savois que Mme de Sillery aimoit à avoir ce jour-là libre, et que j'irois la chercher moi-même ainsi que ses frères ;

c'est de ma douceur et de mon honnêteté qu'elle a abusé au point de vouloir me *forcer* à la *recevoir*, mais cela ne sera pas, je viens d'écrire un billet à ma fille dont voici la copie. Je vous avoue que j'ai eu un mérite extrême, mon cher ami, à ne pas faire une sortie sur cette femme à mes enfants; qu'est-ce que c'est que cette persécution, ce manque de foi, est-ce comme cela qu'elle prétend me faire revenir ? Comment, je consens à *recevoir* ses lettres, à causer avec elle de mes enfants, je la *remercie*, je l'embrasse, et voilà à quoi mes bons procédés m'ont conduite; j'ai eu bien du mérite à me contenir, et c'est bien pour vous, cher ami, mais ce que je n'ai pas dit à Mme de Sillery par attachement pour vous, j'espère que vous lui direz, par égard pour moi; ceci ne peut se supporter, et vous voyez combien on peut compter sur une personne de cette *espèce*. Croyez que je la connois bien, et qu'il n'y a que votre femme qui pourroit se soumettre à tout ce qu'elle a éprouvé de sa part ; mais il ne faut pas qu'elle en soit toujours victime, je réclame simplement nos conventions et je laisse à votre honnêteté, à votre *justice* à *décider* sur le reste.

« Je me faisois une fête d'avoir mes enfants,

de les mener à une partie que j'avois arrangée pour eux ; voilà tout culbuté, et il faut renoncer à un plaisir que je me promettois depuis huit jours. Mme de Sillery méritoit bien que je lui écrivisse pour lui dire que sûrement mes enfants s'étoient trompés et qu'il n'étoit pas possible qu'elle oubliât si tôt les points dont elle étoit convenue avec moi ; mais elle abuse du pouvoir que vous avez sur moi, de la tendresse qu'elle *sait* que j'ai pour vous. Du moins, faites-lui sentir que vous ne prétendez pas qu'elle me traite ainsi, afin que cela n'arrive plus, voilà assurément une singulière manière de me faire revenir sur son compte.

« Je suis bien aise que, du moins, elle m'ait fait annoncer ses intentions par mes enfants, car si, en arrivant à Bellechasse elle me les avoit signifiées, je sens que, malgré tout ce que je me suis promis à moi-même, je lui aurois fait une scène très vive, car j'ai eu bien de la peine à me contenir vis-à-vis de mon fils, mais heureusement j'ai pensé à vous, cher ami ; remarquez que je fais bien plus que de régler ma conduite sur la sienne, car assurément ce dernier trait-ci ne méritoit aucun ménagement. »

(LI, 2.)

« Je l'embrasse... » Quel prodige de volonté et d'abnégation révèle cet aveu ! La marque de tendresse la plus proche, Marie-Adélaïde l'a donnée à celle qui lui a ravi le cœur de ses enfants afin qu'elle ne le gardât pas tout entier, qu'elle lui en laissât une part... Est-il possible, après cela, de douter que toutes les formes de conciliations n'aient été tentées par elle ? Il semble, en ce moment, que les limites des concessions ne puissent être dépassées ; le froid orgueil de la gouvernante saura les reculer encore. Sur ses instigations, Philippe exigera que sa femme ait une explication avec celle qui a violé les conventions établies.

La duchesse résiste, c'est au-dessus de ses forces, mais cette fois, encore, elle cède et se rend à Bellechasse.

A l'issue de cette entrevue, que rapporte elle-même la duchesse, Mme de Genlis donne enfin sa démission ; son départ est fixé à un mois qui sera employé à préparer les enfants à cette séparation.

On devine aisément les reproches dont l'accable le duc d'Orléans :

« ... Au risque même de vous mettre en fureur,

je ne puis pas ne pas vous rappeler que je vous ai dit dans mon bain qu'il étoit impossible que j'eusse une explication satisfaisante avec Mme de Sillery, je vous l'avois déjà dit le jour que vous m'en parlâtes pour la première fois ; je vous l'avois dit à votre retour d'Angleterre, au moment où nous étions convenus que, jusqu'à ce que ma fille fût réglée, j'aurois une conduite que vous-même avez approuvée et dont je ne me suis point écartée un seul instant, je n'ai jamais cessé de vous répéter la même chose, et si vous ne l'avez pas entendu, ce n'est pas de ma faute, car je vous l'ai dit à différentes reprises et de toutes les manières possibles ; le papier que j'ai lu à Mme de Sillery étoit même plus modéré que ce que je vous avois dit ; ce qui prouve ma bonne foi, c'est de l'avoir écrit, car j'aurois pu *forcer* Mme de Sillery à ce qui est arrivé avec des formes différentes, mais j'ai mieux aimé, me méfiant de ma vivacité et voulant vous rapporter ce que je lui avois dit, le mettre par écrit (la réflexion m'avoit d'ailleurs fait ajouter des choses mieux pour elle, et que la manière dont j'ai été *reçue*, tout en entrant dans sa chambre, m'auroit dispensé d'avoir, si je n'y étois pas décidée pour vous). J'étois de si bonne foi, je vous le répète, que je vous l'aurois montré avant d'aller à Bellechasse, si vous aviez été à Paris ; je trouvois et je trouve encore que, dans la position où vous m'aviez mise forcément, je ne pouvois pas parler mieux à Mme de Sillery ; ce que j'éprouvois ne me laissoit *concevoir* de repos qu'en m'en séparant. Si Mme de Sillery avoit été honneste, elle m'auroit répondu qu'elle ne vouloit pas être un sujet de désunion et de malheurs pour moi, qu'elle me rendoit mes enfants, qu'elle prendroit tous les moyens pour que ma fille ne se doutât pas de cette séparation pour qu'elle ne vous donnât pas d'humeur, mais qu'au moment de nous quitter, elle me demandoit de l'entendre, elle m'auroit dit et lu tout ce que vous m'aviez dit qu'elle avoit préparé, et si, par impossible, elle avoit détruit des faits, si elle m'avoit ramenée, *tout auroit été dit et j'aurois été à ses pieds*. J'avois commencé par lui dire que j'entendrois tout ce qu'elle pouvoit avoir à me dire. Au lieu de cela, elle s'est mise en fureur, a prétendu qu'elle savoit de vous que je disois que je n'avois jamais eu d'amitié pour elle. Son ton est devenu moqueur et a fini par être extrêmement malhonneste. Mme de Sillery m'a forcée, par une conduite différente, à revenir sur l'opinion que j'avois d'elle à certains égards; elle pouvoit se montrer généreuse et me prouver ce qu'elle avoit dit souvent, que mon sort l'intéressoit, mais elle s'est livrée à une conduite bien différente et s'écartant absolument des principes qu'elle s'est toujours piquée d'avoir. Rappelez-vous, ami, que lorsque je vous ai dit que j'aimois mieux n'avoir pas d'explications, souffrir en silence et attendre tout du temps, vous me répondîtes que cela ne se pouvoit plus, que vous aimiez mieux tout à présent, qu'il n'étoit pas dans votre caractère *d'être pour moi comme vous l'étiez*, que c'étoit contre votre sentiment, mais que vous y étiez *forcé*, que vous ne pouviez plus supporter d'être accusé de faiblesse, de fausseté (ces dernières paroles me firent un grand effet) enfin à tout ce que je vous dis pour vous engager à *renoncer* à votre projet, à laisser les choses comme elles étoient, vous me dîtes toujours que cela ne se pouvoit plus, que tout valoit mieux et qu'il falloit en finir, parce qu'au moment de vous en aller, vous vouliez, du moins, tout arranger avant votre départ.

« Comment, après tout ce que je vous rappelle, et une infinité d'autres choses que je ne vous rappelle pas, comment, dis-je, pouvois-je croire que vous n'aviez pas entendu ce que je vous avois dit et répété cent fois ? Mais vous m'avez dit, au moment même de mon retour de Bellechasse, en me témoignant du mécontentement, qu'il étoit inutile de récriminer puisque c'étoit une chose faite. Je me flattois alors, d'après la *connoissance* que je croyois avoir de votre caractère, que nous pourrions, après que vous seriez un peu calmé, causer des objets qui nous intéressent également ; vous me l'aviez même dit vous-même, mais votre lettre renverse toutes mes idées. Si je ne reconnaissois votre écriture, je ne pourrois pas la croire de vous. Vous allez voir combien peu mon intention étoit de changer le plan de leur éducation, et les *écarter* de vos *principes* par le plan que je comptois vous proposer. C'étoit d'abord de conserver toutes les personnes qui sont auprès d'eux, de faire continuer le journal de M. Le Brun [1], de vous faire apporter tous les matins celui de la veille, afin

[1] Sous-gouverneur des enfants d'Orléans, mathématicien, ancien secrétaire de M. de Genlis.

que nous en fissions la lecture ensemble, si vous vouliez. Je comptois aussi vous dire que vous me donneriez ce que vous trouveriez convenable pour leur table, et qu'en *conséquence*, je me chargerois de tout ce détail qui deviendroit bien moins cher. Je voulois aussi changer ma manière de vivre, ne plus donner à dîner et dîner moi seule, de ma personne, avec mes enfants, hors un jour ou deux par semaine où ils auroient pu dîner chez moi, comme cela a toujours été, avec du monde. Je croyois que la certitude de ne jamais trouver que mes enfants et moi à dîner, vous engageroit à venir souvent vous réunir à nous ; vous auriez pu aussi, comme de raison, amener les personnes qui vous auroient convenues, ce que je m'étois interdit à moi-même dans la crainte toujours que l'on ne vous persuade que je voulois les écarter de vos principes ; mes enfants ne devoient pas voir ma société plus qu'ils ne la voient à présent. Je m'étois flattée un moment d'une idée bien *douce*, que cet arrangement, rapportant tout aux enfants, *nous rapprocheroit encore, que nous nous verrions beaucoup plus, que nous apprendrions ensemble à connoître nos enfants, à nous en faire aimer*, que les idées qu'ils pouvoient avoir disparaîtroient absolument, que nous voyant toujours ensemble, ils ne pourroient pas croire que nous étions mal ensemble, ils auroient vu d'ailleurs par eux-mêmes que nous étions d'accord sur tous les points. C'étoit celui-là que vous trouviez l'essentiel ; je pensois de même, mais si je dois en croire votre lettre, toutes ces considérations ne sont plus rien. Je pensois, et je m'attendris en vous le disant, qu'en suivant le plan que je viens d'ébaucher, je pourrois, en me réunissant à mes enfants, vous procurer, dès à présent, des jouissances et des moments bien doux qui se seroient multipliés tous les jours. Si vous n'écoutez pas la voix de l'amitié, celle de la nature, vous renoncerez à votre bonheur et j'y renoncerois pour moi-même. Pensez-y, réfléchissez, et ne vous hâtez pas de décider du sort de toute votre vie. »

(LI, 3.)

III

La manœuvre de Mme de Genlis a échoué; elle n'a pas obtenu la « réparation » exigée, mais ne se considère pas encore vaincue ; il lui reste un mois qu'elle va employer à attiser le mécontentement du père, exaspérer la sensibilité des enfants qui prennent nettement position contre leur mère. L'extrême nervosité de Mademoiselle d'Orléans est le prétexte choisi ; la duchesse se trouve menacée de la responsabilité des suites que peut avoir sur la santé de sa fille cette « affreuse séparation ».

Pendant ce temps, les scènes se succèdent au Palais-Royal où le duc de Chartres cesse de venir. La duchesse reste inébranlable : Mme de Genlis partira. Il faut, dès à présent, régler ce qui concerne les enfants, et la mère demande instamment d'être fixée sur ce point :

« ... J'attends avec impatience que vous me fassiez connoître vos intentions pour l'éducation de mes enfants. Je n'ai pas eu la prétention d'influer sur elle, ce qui auroit pu être assez naturel, j'ai demandé seulement que vous me laissiez ce que toute mère ne peut pas ne pas avoir... »

(LI, 5.)

Il n'est pas téméraire d'avancer que, de concert avec Mme de Genlis, fut rédigé l'exposé du plan signifié par le duc d'Orléans à sa femme :

Avril 1791.

« Ma fille n'aura point de gouvernante, mais une femme avec le titre d'institutrice qui mangera avec elle et qui aura toute autorité sur elle et sur les autres personnes attachées à son éducation. Je connois cette femme depuis longtemps, elle a soixante ans, une bonne santé, des opinions qui me conviennent parfaitement, elle a enseigné pendant quinze ans l'Histoire et la Géographie, elle a fait un ouvrage sur l'Histoire Romaine, ma fille la connoît depuis son enfance et a de l'amitié pour elle, elle s'appelle Mme Topin.

« Mlle de Sercey [1] restera auprès de ma fille seulement quelques mois afin de lui adoucir la solitude où elle va se trouver. Les personnes attachées à son éducation et à son service seront : un répétiteur de musique, M. Lepeintre, pour le dessin, Mlle Rime, femme de chambre, une femme de garde-robe, Horain, son valet de chambre, deux valets de pied. J'enverrai ma fille avec les personnes ci-dessus nommées à l'abbaye de (*lacune*) aussitôt qu'elle pourra

[1] Nièce de Mme de Genlis.

partir sans me donner d'inquiétudes sur sa santé; j'enverrai avec elle à ce couvent, pour les premiers mois, M. Couad[1]. Ma fille ne recevra, l'été et l'automne, que Madame d'Orléans, ses frères et moi; Madame d'Orléans, lorsqu'elle ira la voir, ne lui mènera qui que ce soit, sans exception et, sous aucun prétexte, ne la fera sortir de son couvent. Ma fille ne viendra habiter Bellechasse qu'à la fin de l'automne, elle n'en sortira que pour aller se promener, et toujours suivie de Mme Topin, ce qui, en hiver, n'arrivera qu'à peu près tous les quinze jours. Elle n'ira au Palais-Royal que dans le cas où Madame d'Orléans seroit malade, et alors toujours suivie de Mme Topin. Du reste, elle n'y dînera jamais, elle ne fera de visite à personne, excepté, au jour de l'an, à son grand-père. Elle ne recevra à dîner à Bellechasse que Madame d'Orléans, ses frères et M. de Penthièvre; en visites, que ma sœur[2], Mme de Lamballe, Mme de Valence[3], MM. de Sillery et de Valence, et Mlle de Coigni qu'elle aime. Si elle le désire,

[1] Chirurgien.

[2] La duchesse de Bourbon.

[3] Fille de Mme de Genlis.

je lui permettrai de donner, dans le cours de l'hiver, quatre ou cinq comédies et autant de bals, et je ferai la liste des personnes qui y seront invitées. Elle pourra aussi donner quelques déjeuners, et de même je ferai avec elle la liste des personnes. Quant à ses études, Mme de Sillery en laisse le plan très détaillé que fera suivre Mme Topin. Mme de Sillery partira quand ma fille aura fait ses Pâques, le 25 ou le 26 de ce mois. D'ici là, elle prendra toutes les précautions possibles pour que ma fille n'en ait aucun soupçon, car ma fille ne supporteroit pas des adieux, et il seroit absurde de lui dire que Mme de Sillery, qui n'est point malade, la quitte pour aller aux eaux. D'ailleurs elle sait bien que si Mme de Sillery en avoit un besoin réel, je trouverois très bon qu'elle fît ce voyage avec elle ; il seroit tout aussi peu vraisemblable de lui dire que Mme de Sillery la quitte pour un voyage d'agrément, quoique nous répétions toujours qu'elle a bien été en Angleterre, mais ma fille alors avoit sept ans ; d'ailleurs elle ne pouvoit avoir les craintes qu'elle éprouve aujourd'hui, ainsi cela ne peut se comparer.

« Le 25 ou le 26 au matin, on viendra dire à

Mme de Sillery que M. de Sillery est malade et la demande, elle partira ; quand elle sera partie, je calmerai de mon mieux sa douleur, puis je lui annoncerai son malheur, c'est-à-dire que je lui dirai l'exacte vérité qui est que Mme de Sillery, ne pouvant plus supporter la manière dont vous la traitiez, m'a prié de vous demander d'avoir une explication avec elle, que je vous avois vainement demandé de sa part, six mois auparavant, que je vous l'ai redemandée, que vous m'avez promis de vous expliquer avec elle, et qu'au lieu de cela, vous lui avez lu à mon insu un papier que vous ne m'avez montré qu'après, par lequel vous exigiez d'elle sa démission. Voilà très certainement ce que je dirai, parce que le taire seroit calomnier Mme de Sillery et perdre à jamais la confiance de ma fille. Après cet entretien, je vous enverrai chercher et vous viendrez la voir, je vous attendrai chez elle. J'ai cherché ce que vous pourriez lui dire avec quelque vraisemblance pour adoucir sa douleur et vous justifier de lui avoir enlevé avec cette violence une personne à laquelle vous n'avez pas un seul reproche fondé à faire relativement à l'éducation de vos enfants, une personne enfin que je désirois vivement qui terminât son éducation, et je n'ai pas pu trouver un mot qui eût l'apparence de la raison. Comme vous n'ignorez pas, puisque je vous l'ai dit il y a sept à huit mois et mille fois depuis, ce que mon fils vient de vous confirmer, que cette séparation violente, avec toutes les circonstances qui l'ont précédée, mettra votre fille au désespoir, et peut avoir les suites les plus funestes pour elle, apparemment que vous avez bien pensé à ce que vous lui direz quand elle vous en demandera les raisons. Il est nécessaire que je sois prévenu d'avance de ce que vous comptez lui dire, ainsi je vous prie de me l'écrire clairement et positivement. Je vous donne vingt-quatre heures pour faire cette réponse et je vous préviens que je garde copie de cette lettre qui contient tous mes arrangements pour l'éducation de ma fille et qu'il n'y a rien dans l'univers qui puisse m'y faire changer la moindre des choses jusqu'à ce que son éducation soit finie.

« Comme le départ de Mme de Sillery change tous mes plans pour mes enfants, je vous préviens que j'envoie le second dans quelques semaines voyager en France sur les côtes jusqu'à ce que je l'emmène avec moi, je lui donne pour le suivre

M. Myris[1]. Pour le dernier, je le retire aussi du Palais-Royal et je l'envoie à un port de mer finir son éducation, parce que je le destine à la Marine. Je lui donne pour instituteurs MM. Lebrun, Lecouppey et Alyon, un valet de chambre et deux valets de pied. Voilà tous mes arrangements, et soyez bien sûre qu'ils sont irrévocables. Pendant quinze ans je n'ai rien fait pour mes enfants sans vous consulter et sans agir de concert avec vous, mais vous leur montrez que vous n'avez aucun égard pour mon repos et à ma volonté sur eux, et par là c'est vous seule qui me forcez à vous ôter sans retour toute espèce d'influence sur leur éducation. »

(XLVIII, 46.)

La duchesse, atterrée de la brutalité de cette signification, contient sa douleur et ne proteste que pour rétablir la réalité des faits :

« ... Vous me mandez que vous m'avez toujours consultée pour ce qui regarde mes enfants, tandis que vous savez fort bien que je n'ai jamais été consultée pour rien, et que toutes les autres fois que vous m'avez annoncé quelque chose qui

[1] Peintre polonais.

avoit rapport à eux; c'étoit toujours une chose décidée à laquelle il falloit me soumettre. Vous savez tout aussi bien que toutes les personnes qui les entourent ont été choisies par Mme de Sillery, que j'apprenois tout quand la chose étoit faite, comme cela est encore arrivé dernièrement pour cette Eveline qui est une fille publique... Vous savez au contraire que je ne me suis pas permis la plus légère démarche à leur égard sans vous consulter, sans avoir votre approbation... Plus on a souffert avec *douceur*, et plus on se sent aigrie lorsqu'on éprouve le comble des humiliations et des malheurs. »

(LI, 7.)

Enfin, le duc de Chartres qui avait oublié le chemin du Palais-Royal, y revient pour essayer une suprême tentative. Ce fût certainement le plus rude assaut qu'eut à subir la volonté de la duchesse si désarmée devant ceux qu'elle chérit. Son fils espère la fléchir par le motif qu'il sait le plus propre à trouver son cœur, c'est-à-dire la crainte de compromettre la santé, peut-être même la vie de sa fille. Mais il ne parvient pas à dissimuler ses vrais sentiments ; par quelques paroles échappées au cours de l'entrevue, la duchesse acquiert la triste certitude qu'elle voulait toujours repousser : elle ne compte plus pour ses enfants...

Avec une tendresse navrée, elle laisse entendre à son fils qu'elle a trop bien senti à quelle influence il avait obéi en la venant trouver :

« La scène attendrissante que nous avons eu ensemble, mon cher ami, m'a fait bien du mal; ma santé est dans un état de faiblesse, et mon cœur est si déchiré, que des émotions dans le genre de celles que tu m'as fait éprouver me sont mortelles. Redis-toi bien que, de mes enfants, dépend à présent mon bonheur ou mon malheur : s'ils sont pour moi comme j'ai droit de l'attendre, s'ils répondent à mon extrême tendresse pour eux, je serai heureuse; si, au contraire, je suis forcée de reconnoître que leur attachement pour moi n'est que secondaire (tu penses bien que ce n'est assurément pas de ton père dont je pourrois vouloir parler, je ne serai jamais jalouse des préférences que mes enfants lui donneroient sur moi), ils me mettront le poignard dans le cœur, et je pleurerai toute ma vie la faiblesse que j'aurai eu de compter trop sur la voix de la nature, et de m'être persuadée que personne ne pourroit prendre ma place dans leur cœur. Après que tu as été parti, et que j'ai été un peu remise, je me suis encore rappelée avec étonnement plusieurs choses que tu m'as dites, que tu n'as certainement pas réfléchies, que tu ne penses même pas, mais qui ont été l'effet de ton trouble. Tu sais que j'ai été forcée à ce qui arrive ; la chose étant faite, tu me dis que je veux tuer ta sœur, tandis que, comme je te l'ai dit, je prends, pour ce qui me regarde, toutes les précautions propres à tromper sa sensibilité. Tu as ajouté que tu étois décidé, ainsi que ton père, à instruire ta sœur et à lui apprendre l'état des choses ; ce seroit donc toi, dans ce cas-là, comme je te l'ai dit aussi, qui voudrois la tuer, car quant à ton père, il est si loin de vouloir causer une révolution à ta sœur, qu'il m'a priée de ne la pas faire sortir, dans la crainte qu'elle entendît quelque chose qui pût lui donner des soupçons ; cela ne seroit sûrement pas arrivé, mais comme je suis fort d'avis qu'il faut prendre des précautions même inutiles, je n'ai pas fait la moindre difficulté et j'ai consenti à me priver du plus grand plaisir. Ton père, d'ailleurs, m'a dit qu'il t'avoit mis au fait de ce qui existoit, parce qu'il avoit confiance en toi et comptait sur ta discrétion, c'est donc sous le secret qu'il ta dit ce que tu sais.

« Quant à apprendre à ta sœur comment Mme de Sillery a donné sa démission, je crois trop à ton amitié pour elle, à ta tendresse pour moi, pour imaginer que tu fis cette démarche si tu croyois comme tu me l'as dit qu'elle dût tuer ta sœur, qu'elle dût avoir les conséquences que tu m'as dit ; si tu le croyois, je te le répète, tu es trop attaché à ta mère et à tes devoirs pour te laisser aller à un procédé aussi condamnable.

« Je suis si convaincue qu'il dépend absolument de Mme de Sillery d'épargner à ma fille des épreuves trop fortes pour sa sensibilité en prétextant une raison quelconque pour faire un voyage, comme elle en a déjà fait un, que je suis tranquille à cet égard, car sûrement elle aime trop ta sœur, et l'honnêteté seule suffiroit pour cela ; elle m'a trop souvent répété qu'il étoit extrêmement coupable aux personnes qui élevoient des enfants d'exciter en eux des mouvements de sensibilité violents, qu'il dépendoit toujours d'elles de les leur épargner, pour que je puisse partager les inquiétudes que tu as voulu me donner. D'ailleurs tu m'as dit que dans dix ans ce seroit la même chose, ainsi c'est un mal sans remède, car il falloit toujours en venir là. Tu as ajouté, cependant, que si Mme de Sillery et moi nous étions bien quittées, alors c'eût été différent ; comme je ne demande pas mieux assurément, il ne tient qu'à elle que cela soit. Mme de Sillery a voulu donner sa démission à ton père, il y a un mois ; il l'a refusée, je le tiens d'elle-même, et ton père me l'a encore confirmé ; tu vois donc qu'elle peut se prêter à ce que je désire, elle m'a d'ailleurs répondu de manière à ne me laisser aucun doute à cet égard. Ma conduite ne pourra donner aucun soupçon à ta sœur ; avec la même discrétion de la part de Mme de Sillery et de la tienne, nous éviterons les malheurs que tu veux me faire redouter, qui, s'ils étoient possibles, me tueroient bien certainement, mais que je ne me reprocherois jamais, car je ne les aurois certainement pas causés.

« Voilà, mon cher enfant, ce que je pense ; je suis bien malheureuse, bien tourmentée, et ta peine ajoute essentiellement à tout ce que j'éprouve, mais il falloit bien toujours te la faire, puisque tout naturellement l'époque où devoit finir l'éducation de ta sœur étoit peu éloignée. »

(LI, 18.)

Dans le mois qui suivit l'orageuse explication, la duchesse résiste à toutes les pressions ; on ne manque pas d'attribuer cette énergie inattendue à l'influence de Mme de Chastellux qui, présentée par Mme de Genlis au Palais-Royal, y avait pris la place qu'elle occupait jadis dans l'affection de Madame d'Orléans.

Il va de soi que la nouvelle venue n'est pas épargnée dans les représailles de son ancienne bienfaitrice devenue son ennemie. En un mot, c'est l'enfer au Palais-Royal. Bientôt la santé de la duchesse s'en ressent si gravement qu'elle implore, de son mari, quelque trêve dans cette lutte sans merci :

« ... Je vous écris, parce que, pour le moment, je suis absolument hors d'état d'éprouver une *scène*, et comme j'imagine que votre intention n'est pas précisément de me tuer, nous n'aurons pas de conversation aujourd'hui sur des objets que vous traitez de manière à m'achever. Tout est réuni pour me mettre au désespoir, vous êtes indifférent pour ce qui me regarde et d'une dureté sans exemple. Vous savez que j'ai une perte, vous voyez que je suis dans un état affreux, vous ne m'en dites seulement pas un mot, vous ne me demandez seulement pas de mes nouvelles, et vous m'écrivez la lettre la plus révoltante pour une femme et pour une mère. Ce n'est donc pas à votre cœur que je m'adresse, mais je ne cesserai de m'adresser à votre justice, parce que je vous ai toujours vu en avoir et que vous reviendrez à votre état naturel. »

(LI, 5.)

Voici donc la constatation bien établie que le duc d'Orléans n'est plus, aux yeux de sa femme, dans son « état naturel ».

Léger, inconstant, frivole, soit ; mais tenace, dur et injuste, c'était un aspect nouveau du caractère de Philippe. Cette transformation a une cause qui, à ce moment, réside tout naturellement à Bellechasse. Là doivent s'élaborer ces réponses qui « tuent » la duchesse :

« Je suis juste comme vous le dites fort bien, et le serai toujours. D'après cela je vous dirai que, puisqu'au lieu d'une explication que vous m'aviez promis d'avoir, vous avez fait lecture d'un écrit qui étoit plutôt fait pour la rendre impossible que pour la ramener, et que par là vous m'avez privé de la personne en qui j'avois mis ma confiance pour l'éducation de mes enfants, je prendrai moi-même toutes les précautions nécessaires pour achever leur éducation dans mes principes et non dans les vôtres, et pour qu'ils n'en soient dérangés par personne, je me chargerai de faire exécuter tout, vous ne serez l'instrument de rien, vous n'aurez aucune peine à prendre ni aucun sacrifice à faire.

« Quant au devoir et au besoin de faire tout ce qui peut me plaire dont vous me parlez dans votre lettre, vous ne vous flattez pas aujourd'hui que j'y croie, d'après ce qui s'est passé hier. Je vous verrai demain entre midi et une heure. »

(XLVIII, 43.)

De Bellechasse, également, partent les traits qui visent Mme de Chastellux. Un d'entre eux vaut d'être rapporté, autant pour la mesquinerie de l'attaque que pour la dignité et l'esprit de la riposte :

« Depuis que vous êtes établie dans ma maison, Madame, et que Madame d'Orléans a placé en vous toute sa confiance, j'ai eu lieu d'être infiniment mécontent de ses procédés relativement à mes enfants, et dernièrement encore plus que jamais; je ne puis attribuer qu'à votre société et à votre influence sur son esprit, son changement à cet égard. Vous ne voudrez sûrement pas, d'après ce que je viens d'avoir à vous dire, continuer d'habiter dans ma maison, ni même y faire des visites à Madame d'Orléans. Ainsi je vous prie, Madame, de vouloir bien faire remettre à M. Lebrun, inspecteur du Palais-Royal, les clefs de l'appartement que vous y occupez, à la fin de ce mois ou au commencement de l'autre. »

Brouillon de l'écriture du duc de Chartres.

« J'avois prié Madame d'O. de vous remettre une lettre pareille, mais comme elle m'écrit qu'elle ne vous l'avoit pas adressée, j'ai l'honneur de vous adresser celle-ci directement. »

Post-scriptum de la main du duc d'Orléans.

(XLVIII, 23.)

Mme de Chastellux au duc d'Orléans.

« Je reçois dans l'instant, Monsieur, la lettre que vous me faites l'honneur de m'écrire. Empressée de remplir votre désir le plus promptement possible, j'envoie ordre à mes gens de remettre à M. Le Brun les clefs de mon appartement au Palais-Royal. Je ne pouvois le tenir que de l'amitié et des bontés de Madame d'Orléans et, par circonstance, il perd pour moi tout son agrément, toute son utilité. Ainsi, Monsieur, je ne puis même pas avoir vis-à-vis de vous le mérite de l'empressement que je mets à me conformer à vos intentions.

« J'ignore, Monsieur, quels sont les sujets de mécontentement que Madame d'Orléans peut vous avoir donné relativement à Messieurs vos enfants; je l'ai toujours vue le modèle des mères, comme celui des épouses, et je sens que je ne pourrai jamais changer d'opinion à cet égard. Au reste, Monsieur, ces détails me sont très étrangers. Je ne puis cependant me refuser la satisfaction de vous dire que ces soupçons m'honorent infiniment, je ne puis qu'être flattée de vous voir persuadé que j'ai influé sur la conduite de Madame d'Orléans, puisqu'elle a toujours mérité entièrement l'approbation de sa famille et celle de tout le public. Je ne me justifierois donc pas si cela existoit, mais quant à rendre à Madame d'Orléans tout ce que la vénération, le respect, la reconnoissance et, j'ose dire, l'amitié, inspirent, vous voudrez bien trouver bon que ma vie entière y soit consacrée. Il seroit trop contrastant avec vos principes si connus d'exiger rien à cet égard et il n'y a que Madame d'Orléans qui puisse me défendre de lui marquer dans toutes les occasions à quel point je lui suis tendrement et respectueusement attachée.

« J'ai l'honneur d'être, Monsieur, votre très humble servante.

« PLUNKETT CHASTELLUX[1]. »

A la ville d'Eu, le 16 avril 1791.

« Madame d'Orléans ne m'ayant pas remis la lettre que vous m'avez fait l'honneur de m'écrire, je ne pouvois pas, Monsieur, connoître plutôt vos intentions, que je me hâte de remplir. »

(XLVIII, 24.)

Le départ de Mme de Genlis avait été fixé pour le 24 avril, aussitôt après les fêtes pascales. A mesure que le terme approchait, la lutte se faisait plus cruelle pour la princesse.

[1] Jenny Plunkett, Irlandaise d'origine, mariée au marquis de Chastellux par Mme de Genlis et installée par elle au Palais-Royal. Mme de Chastellux la remplaça près de la duchesse d'Orléans.

Ainsi qu'en témoigne la correspondance qui s'échange, Marie-Adélaïde en est au point où elle ne se sent plus assez maîtresse d'elle-même pour supporter les orageuses entrevues conjugales :

Le duc d'Orléans à sa femme.

« Vous avez désiré ne pas me voir aujourd'hui parce que je vous ai écrit hier tout ce que je pensois et tout ce à quoi je suis décidé irrévocablement. Je n'ai rien à y changer, mais j'espère que je vous verrai demain entre 6 et 7 heures du soir. Vous le pouvez sans craindre aucune scène que je suis surpris que vous craigniez, car je ne vous en ai jamais fait d'aucune espèce ; je ne vous dirai que ce que je vous ai écrit, je vous le dirai très froidement. La différence de vos opinions fait que je ne veux pas [que l'on puisse croire dans le public (*rayé*)] que vous influez le moins du monde sur l'éducation de nos enfants, ni même que l'on puisse le croire, de peur que l'on ne m'accuse d'avoir changé de façon de voir et de penser, chose que l'on ne manquera pas de répandre et d'imprimer aussitôt que l'on apprendra la retraite de Mme de Sillery dont vous avez arraché la démission par des moyens auxquels aucune personne honnête ne pouvoit résister. Je m'occupe des arrangements à faire à cet égard dont je vous instruirai aussitôt que je les aurai arrêtés définitivement, ce qui sera dans le courant de la semaine prochaine, à ce que je crois. »

(XLVIII, 44.)

Enfin, à bout de forces, désespérant de voir son mari redevenir « lui-même », elle quitte la place. C'est près de son père qu'elle ira chercher un refuge, une protection. Toutefois, la lettre par laquelle elle annonce sa résolution à son mari dément formellement l'acte de brutalité qui fut prêté à Philippe. On racontait, en effet, qu'à la suite d'une scène où il s'était livré aux dernières violences, la duchesse s'était sauvée, demi-vêtue, du Palais-Royal.

« ... Vous avez achevé de me mettre le poignard dans le cœur, j'en mourrai, peut-être, mais je veux, avant de partir pour aller chercher auprès de mon père les seules consolations sur lesquelles je puisse compter à présent, vous conjurer de réfléchir encore au parti auquel vous voulez me *forcer*. La personne qui, depuis que mes enfants sont entre ses mains, n'a cessé d'être une cause de désunion entre nous, va donc nous séparer pour jamais. C'est elle qui vous a engagé à me tendre un piège, car tout étoit calculé par elle ; mais je suis bien sûre que tout l'étoit à votre *insu*. Satisfait pendant plusieurs mois de la manière dont j'avois été pour elle, vous n'auriez pas exigé ce que vous avez voulu si vous n'y aviez pas été poussé. Songez que je suis la mère de vos enfants, que je suis votre femme, que depuis vingt ans je n'ai été occupée que de mes devoirs et de tout sacrifier pour vous rendre heureux. Songez que je ne pouvois supporter l'humiliation à laquelle vous vouliez me condamner et encore moins celle que vous me prépariez, puisque votre projet étoit de m'ôter plus que jamais mes enfants... Réfléchissez encore, je vous en supplie, je vous le demande au nom de nos enfants, au nom de la tendresse que vous eûtes pour moi, ne consommez pas cet horrible sacrifice. Mme de Sillery n'est-elle pas un monstre si elle y consent ? Enfin je ne veux pas avoir à me reprocher de ne pas avoir fait une dernière tentative. Mon cœur et mon devoir m'en font la loi également, redevenez vous-même, soyez juste.....

« Je n'ai pas remis votre lettre à Mme de Chastellux, vous avez trouvé une manière de me la rendre infiniment chère en la choisissant pour victime ; vous devez sentir que, par là même, vous m'avez *attaché* à elle pour la vie... »

(LI, 8.)

IV

Ce fut le 5 avril 1791, jour anniversaire de son mariage, que la duchesse partit pour Eu, non précipitamment, comme on le crut, mais sous l'effet d'une décision réfléchie. Elle avait perdu sa dernière espérance en la justice et la bonté naturelle de Philippe. Ne lui signifiait-il pas « qu'il ne pouvait plus être avec elle comme par le passé »... ce passé heureux où ils regardaient l'avenir penchés sur des berceaux. Une femme, ou plutôt un froid et inexorable calcul s'était interposé, et le rêve s'évanouit.

Voyons maintenant comment Philippe, dans une longue note rédigée de sa main, expose les événements qui préparèrent le départ de sa femme et les circonstances dans lesquelles il s'accomplit :

« Je reçus en Angleterre un paquet des mains de M. Chasal envoyé exprès par Mme d'O. pour me l'apporter dans le courant de mars [1790] à ce que je crois. Ce paquet, extrêmement volumineux, contenoit des plaintes, des injures contre Mme de S. Il étoit écrit avec un ton très menaçant pour moi, si je n'acceptois pas avec reconnoissance les propositions qu'elle me faisoit de se charger absolument de l'éducation de mes enfants, d'arranger tout et d'ordonner tout. Le contenu et le style m'engagèrent à le brûler et à y répondre quatre mots assez sèchement, mais pas encore autant que le méritoit la proposition.

« A mon retour à Paris [7 juillet 1790] même proposition me fut faite, mais en termes plus modérés, parce que c'étoit elle qui parloit, quoique cependant je trouvai de la différence dans sa nouvelle manière de s'exprimer avec son ancienne, mais je lui fis bientôt reprendre le ton qui nous convenoit à tous les deux. Apparemment ses conseils ne furent pas contents de l'effet qu'avoit produit notre conversation, car ils la décidèrent à ne jamais me parler et à toujours m'écrire. Bien entendu qu'elle me reprenoit toujours ce qu'elle m'avoit donné à lire ; elle a même toujours soutenu depuis que c'étoit moi qui l'avois désiré ainsi, cela est absolument faux. Je lui dis dans ce temps-là que je ne pouvois lui répondre sur un objet aussi important, qu'il falloit me donner le temps de me remettre au fait par moi-même et par mes yeux.

« Quelques semaines après je lui dis que je m'étois mis au fait, que j'étois parfaitement sûr que Mme S. n'avoit aucun des torts dont elle l'accusoit et que je désirois qu'elle eût une explication avec elle. Elle la refusa opiniâtrement, sans me donner aucune raison, parce qu'il n'y en a pas pour refuser cela, et en me disant seulement qu'elle ne pouvoit pas changer, qu'elle ne vouloit pas changer.

« Je lui demandai pour lors qu'elle eût l'air au moins, aux yeux de ses enfants, d'être bien avec Mme S., de la recevoir à dîner chez elle, que cela seroit très rare, parce que cela n'étoit pas un plaisir pour Mme S., espérant qu'avec le temps et de la douceur, je la ramènerais à voir et croire la vérité dont j'étois sûr. Quelque temps après, à la sollicitation de Mme S., je lui portai, avec une lettre d'elle, son journal depuis qu'elle élève mes enfants, où il y a jour par jour ce qu'ils ont fait et ce qu'elle leur a dit et ordonné qu'on leur dise et fasse faire. Ce journal est signé par mes enfants eux-mêmes. Je comptois beaucoup sur la lecture de cette pièce que je l'espérois qui se feroit en ma présence d'abord (*sic*). Mais, à mon grand étonnement, elle refusa absolument d'en prendre aucune connoissance.

« Enfin le (*lacune*) pensant que j'allois peut-être m'éloigner si j'étois employé pour quelques mois, Mme de S. me pressant toujours de faire changer sa position vis-à-vis de Mme O. qui ne devenoit plus soutenable et qui étoit même nuisible aux sentiments qu'elle désiroit imprimer à ses enfants, vu la publicité de l'aversion de Mme d'O. pour elle, je reçommençai mes sollicitations à cet effet. Elle s'en défendit encore, mais enfin elle me promit d'avoir une explication. J'en prévins Mme S. et le (*lacune*) à 9 heures du matin, Mme O. s'en fut chez Mme S., et au lieu de l'explication qu'elle m'avoit promis d'avoir, elle arriva chez elle avec un papier dont elle ne m'avoit donné aucune connoissance, qu'elle lui lut, et sur lequel elle lui disoit qu'elle n'avoit pas d'autre parti à prendre que de se retirer, et elle partit. De retour au Palais-Royal, elle me donna ce papier à lire et me le reprit tout de suite. Jamais je n'ai eu plus d'étonnement et d'indignation, car je la croyois bien loin d'une pareille conduite. Je lui montrai très positivement tous mes sentiments, et je sortis. Le lendemain, étant au Raincy[1], où j'avois besoin d'être pour me remettre et me calmer, si il étoit possible, je reçus d'elle la lettre cotée n° 1 (*Je viens de mander à ma fille*, etc.). Je lui répondis celle cotée n° 2 (*Je suis juste, comme vous dites*, etc.). Le reste de ce qui s'est passé entre nous se trouve dans nos différentes lettres, car les trois autres fois que je l'ai vue pendant cet intervalle, nous ne nous en sommes dit que très peu de mots, et cela étoit impossible autrement, car elle me faisoit des mensonges atroces sur ce qu'elle m'avoit dit et ce que je lui avois répondu. Je lui ai porté les pièces cotées n° 6, n° 7, n° 9. Le soir enfin, le (*lacune*) elle a envoyé un courrier à son père, et moi je lui ai envoyé après la lettre n° 14. Elle m'a écrit le soir la lettre n° 8 (*Vous avez achevé de me mettre le poignard dans mon cœur*, etc.), et le lendemain, sans me rien

[1] Domaine préféré du duc d'Orléans. Le magnifique château qui datait du XVIIe siècle fut saccagé pendant la Révolution et démoli en 1848.

faire dire, elle est partie pour aller le rejoindre avec Mme de Chatellux. J'ai été le matin à midi chez elle, j'ai trouvé une femme de garde-robe qui m'a dit qu'elle venoit de partir dans l'instant. Cela n'étoit pas vrai, elle n'est partie que quelque temps après. »

(XLVIII, 19.)

En recevant sa fille, le duc de Penthièvre qui, jusqu'alors, n'était pas intervenu dans ses démêlés conjugaux, crut devoir écrire à son gendre :

« ... Vous savez que je n'ai jamais voulu me mêler des détails de votre famille, ces objets ne me regardant point, mais vous n'avez pas pu douter que je ne fusse peiné de la forme de l'éducation de Messieurs vos enfants, je crains beaucoup que celle projetée dans le moment actuel n'ait des inconvénients nouveaux ; il seroit bien naturel et bien dans l'ordre qu'une fille fût confiée à sa mère. Madame d'Orléans a toujours eu pour vous, Monsieur, l'attachement le plus tendre, le plus grand empressement de vous plaire, et n'a vécu que pour vous et ses enfants ; combien seroit-il affreux que votre union réciproque éprouvât altération ; j'ose me flatter d'être à l'abri d'une telle catastrophe ; si, malheureusement, elle venoit à intervenir contre toute vraisemblance, vous me blâmeriez de ne pas offrir à ma fille les ressources et les consolations qu'elle doit attendre de la part de son père.

« Je vous demande, Monsieur, de ne me pas refuser la justice d'être persuadé du véritable et sincère attachement que j'aurai toute ma vie pour vous.

« L.-J.-M. DE BOURBON. »

A la ville d'Eu, le 9 avril 1791.

(L, 24.)

L'état d'esprit de Philippe se manifeste dans les notes où, à ce moment, il consigne soigneusement ses tentatives pour inciter sa femme à réintégrer le Palais-Royal. Scipion, le négrillon que les séances de lanterne magique nous ont montré assis sur les genoux de la princesse, est, sans succès, l'émissaire du duc d'Orléans à Eu :

« Le 17 avril [1791] à mon réveil à 6 heures du matin, Aladin et Sauvan étant présents, Scipion [1], que j'avois envoyé le 15 à la ville d'Eu porter les

[1] Aladin et Scipion étaient des nègres élevés au Palais-Royal. C'était une mode aux XVIIe et XVIIIe siècles d'avoir des négrillons qui remplaçaient les fous de la Renaissance. Gâtés comme de jeunes chiens, ils n'en avaient pas toujours la reconnaissance : témoin Zamore qui trahit Mme du Barry.

lettres à Mme O.[rléans], M. P.[enthièvre] et Mme Chat.[ellux] est entré chez moi et m'a dit : « Je suis arrivé à la ville d'Eu à 2 heures du « matin, j'ai réveillé Mme de Chazal qui m'a « dit qu'elle ne pouvoit parler à Madame que « quand elle s'éveilleroit. J'y ai retourné à « 8 heures du matin. J'ai été chez M. de P.[en« thièvre], on m'a dit de revenir à l'heure de « son lever. J'ai remis à Mme de Chatellux elle« même la lettre qui étoit pour elle. Elle s'en « est allée tout de suite chez Madame. J'ai été « chez Madame demander à quelle heure on me « feroit partir.

« On m'a dit que Madame étoit fort incom« modée d'une attaque de nerfs, que les fenêtres « étoient toutes ouvertes et qu'elle ne pouvoit « pas faire réponse, qu'elle l'enverroit par la « poste ou par le courrier de M. de P. J'ai été « chez M. de P. qui m'a dit de vous dire qu'il « avoit été malade toute la nuit et qu'il vous « feroit réponse par un courrier de sa fille. Je suis « retourné chez Mme de Chazal qui m'a dit que « Madame m'ordonnoit de partir. Je lui ai dit « que j'avois ordre de mon maître d'attendre « la réponse, elle m'a dit que je n'avois pas le

« sens commun et que l'on ne pouvoit forcer « personne à répondre quand il ne le vouloit « pas. Je suis reparti hier à 2 heures, et me « voilà. »

(XLVIII, 36.)

Les tendres consolations paternelles n'offraient qu'un rempart impuissant contre les chagrins que, pour la duchesse d'Orléans, chaque occasion faisait naître.

L'approche des fêtes pascales lui en ménageait un dont la gravité lui permit de mesurer la profondeur du fossé existant entre elle et son fils aîné sur un point qui lui tenait particulièrement au cœur.

Le duc de Penthièvre avait envoyé à sa fille cet avertissement :

A la ville d'Eu, le 9 avril 1791.

« Ma tendresse pour vous, ma chère enfant, et ma qualité de père, demandent de moi de vous avertir, à l'approche de Pâques, qu'il ne faut pas vous confesser à un prêtre sermentaire, ni fréquenter les églises sorties de l'orthodoxie.

« Ma santé est toujours infiniment souffrante. J'embrasse ma chère enfant de tout mon cœur[1]. »

[1] *Correspondance de L.-P.-J. d'Orléans.*

La duchesse d'Orléans était trop en communauté de sentiments avec son père pour qu'elle ne transmît pas ce billet au duc de Chartres :

« Je t'envoie, mon cher ami, une lettre que je viens de recevoir de ton grand-père, à Rouen. C'est une réponse à des questions que je lui ai faites relativement à mes pâques : ayant toute ma vie été guidée par lui, je désirois l'être sur le point le plus essentiel. Voilà ce qu'il me répond. Ma tendresse pour mes chers enfants et mon devoir me font une loi de leur communiquer cette lettre ; et comme je ne serai pas à Paris au moment de Pâques, c'est toi, mon cher ami, que je charge de la lire à tes frères et à ta sœur. Je leur écrirai à tous sur cet objet, mais comme je ne le puis pas encore, je te prie d'y suppléer en leur montrant cette lettre de mon père, que tu me renverras sur-le-champ après. Je viens d'arriver entièrement souffrante et fatiguée ; mais les consolations que je suis sûre de trouver auprès du meilleur des pères me ranimeront. Je désire, pour ton bonheur et pour le mien, que tu m'aimes comme je te chéris.

« J'embrasse tous mes chers enfants [1]. »

[1] *Loc. cit.* et XLVIII, 42.

Le duc de Chartres à sa mère.

Paris, ce 14 avril 1791.

« Aussitôt que j'ai reçu votre lettre, ma chère maman, et celle de mon grand-père, je les ai portées à mon père, parce qu'il m'étoit impossible de les faire voir à ma sœur et à mes frères avant de les lui avoir communiquées. Il n'a pas voulu me les rendre et m'a dit qu'il se chargeroit de tout envers vous. Je ne puis donc parler à maman que de mon opinion personnelle, et quel que soit le prix que j'attache à celle de mon grand-père, non seulement je n'ai aucun scrupule d'aller à une nouvelle paroisse, mais je regarde cette démarche comme un devoir indispensable, parce que je crois fermement que les décrets n'ont porté aucune atteinte aux dogmes de la religion pour lesquels j'aurai toute ma vie le respect le plus inviolable, que je regarde toutes les opérations de l'Assemblée comme purement temporelles et que, dans cette matière, je ne reconnois et ne reconnaîtrai jamais d'autre autorité que celle de la Nation. Votre éloignement pour ces principes m'afflige d'autant plus que je crains qu'il ne vous éloigne encore de nous. Mais je ne doute pas qu'enfin ma chère maman ne s'en rapproche, et qu'alors elle ne rende au tendre et respectueux attachement de ses enfants la justice qu'il mérite, et en particulier à son tendre fils. »

(XLVIII, 240.)

Le duc d'Orléans tenait enfin un prétexte pour marquer à sa femme comment il avait accueilli les observations si dignes, pourtant, et si mesurées du duc de Penthièvre :

Paris, ce 14 avril 1791.

« Vous venez de faire une nouvelle démarche auprès de mes enfants qui met le comble à tous vos procédés pour moi. Mon fils m'en a instruit comme il le devoit et m'a remis la lettre de M. de Penthièvre qu'il est inconcevable que vous ayez pris sur vous d'envoyer à mes enfants sans ma permission et sans l'autorisation de M. de Penthièvre qui certainement l'auroit refusée ; ainsi, par cette démarche, vous compromettez M. de Penthièvre, vous faites une chose à la fois inutile, dangereuse et ridicule, et avez manqué à tout ce que vous me devez. Mes deux fils aînés sont en état de se décider d'après leurs propres principes, quant au dernier et à ma fille, j'ai défendu à mon fils aîné de leur en dire un mot.

« En obligeant, malgré ma volonté, Mme de Sillery à se retirer, vous m'aviez déjà forcé à prendre le parti de vous ôter toute influence sur l'éducation de mes enfants. Vous aggravez encore vos torts à cet égard, et votre dernière démarche m'auroit fait prendre sans retour cette résolution, si je ne l'avois déjà prise avant. J'espère toujours que vous finirez par ouvrir les yeux sur l'absurdité des conseils que l'on vous donne, et que vous en reviendrez à sentir qu'une mère ne peut avoir de l'influence sur l'éducation de ses enfants que d'accord avec son mari, et que lorsqu'elle s'oppose ouvertement à ses volontés, elle s'ôte à elle-même toute autorité et toute considération publique sur ce point.

« J'attends toujours la réponse à la dernière lettre que je vous avois portée moi-même et que je vous avois demandée dans l'espace de 24 heures. Vous êtes partie le lendemain sans me voir. J'espère que mon courrier me la rapportera...

« Je remettrai à qui vous voudrez la lettre de M. de Penthièvre que j'ai gardée, il me paroît qu'il ne faut la remettre qu'en des mains très sûres. »

(XLVIII, 32.)

Ce fut seulement par son silence que la duchesse fit comprendre à son fils combien cette sorte de trahison lui avait été sensible. La justification qu'il essaya n'était pas propre à en atténuer l'effet :

Ce 22 avril 1791.

« J'ai été douloureusement affecté, ma chère maman, en voyant que je suis le seul de vos enfants qui n'ait pas reçu de réponse sur cette dernière circonstance; cependant mon frère Montpensier vous a manifesté la même opinion, c'est en vain que je cherche la cause d'une différence aussi affligeante pour moi, je ne trouve rien dans ma conduite qui puisse y avoir donné lieu. Je n'ai jamais rien fait qui ait pu vous faire douter des sentiments que je vous dois à tant de titres; je suis sûr, ma chère maman, que vous dissiperez mes craintes et que vous rendrez à mes sentiments la justice qui leur est due et qui fera le bonheur de votre tendre fils.

« CHARTRES. »

(XLVIII, 230.)

Fermement, aujourd'hui, Madame d'Orléans parle à son fils, non comme à un enfant, mais comme à un homme qui a gravement manqué au devoir de l'affection, du respect, presque à celui de l'honneur :

26 avril 1791.

« Je reçois ta lettre dans l'instant ; je ne t'avois pas répondu, mon cher enfant, parce qu'il m'en coûte toujours de te marquer du mécontentement, et que je ne puis te cacher que ta conduite en dernier lieu m'a causé la peine la plus vive et la plus sensible. Comment, puisque tu avois une opinion arrêtée sur un objet absolument distinct de la Constitution qui établit formellement la liberté des opinions religieuses, ne me renvoyas-tu pas, comme je te l'avois demandé, le papier qui y étoit joint ?

« Dans toute autre circonstance, il eût été fort simple que tu fus trouver ton père ; cette démarche l'eût été de la part de Montpensier qui n'étoit au fait de rien de ce qui s'est passé ; mais toi qui *savois* tout, qui m'avois vu mourante, et partant, au désespoir, tu te permets une démarche que tu devois croire, connaissant l'opinion de ton père à cet égard, bien propre à nous éloigner encore l'un de l'autre ! Ah, mon cher enfant, tu m'as fait bien du mal, et tu pleureras peut-être toute ta vie sur cet oubli de principes qui ne sera pas jugé par les autres avec la même indulgence que par ta mère... »

(LI, 17.)

Nous ne nous arrêterons pas à la véritable comédie, d'ailleurs racontée tout au long par Mme de Genlis dans ses *Mémoires*, qui accompagna le départ de cette habile metteuse en scène ; non plus sur la ridicule emphase de ses lettres qui, de douze heures en douze heures, devaient être remises à Mademoiselle pour régler les consolations et les exhortations sur un état de désespoir visiblement escompté. Ce qui doit être dit ici, c'est que, sincèrement ou non, le duc de Chartres s'associa au jeu de la gouvernante, doublant ainsi sans ménagement les angoisses de la mère absente :

Ce 12 mai 1791.

« Mon père vous a déjà prévenu, ma chère maman, qu'il alloit écrire à mon amie pour la conjurer de revenir à Bellechasse. Elle est arrivée hier au soir, ma sœur a eu une attaque assez forte en la revoyant [1].

« Elle en avoit eu encore une en apprenant son retour, elle n'a presque pas dormi de la nuit; cependant elle est déjà beaucoup mieux, ce n'est pas en aussi peu de temps que sa santé peut être remise de tout ce qu'elle a souffert. Elle est d'une maigreur excessive et d'un changement affreux, mais actuellement qu'elle a retrouvé celle dont la perte lui avoit causé une douleur aussi vive et l'avoit mise dans un état aussi cruel, nous ne doutons pas que sa santé ne se rétablisse et ne devienne aussi bonne qu'elle étoit. »

(XLVIII, 237.)

La duchesse, tout en souffrant de n'être pas auprès de sa fille, n'est point dupe, on le voit, de la mise en scène si bien machinée, et dont les nerfs d'une fillette traversant une époque critique font les frais; elle ne le dissimule pas à son fils :

« Vous me tuez, mon cher enfant, vous me tuez, et cela ne sera pas long. Je vois qu'au lieu de distraire votre sœur, votre attendrissement

[1] Madame Adélaïde paraît avoir tenu de sa mère cette prédisposition aux crises nerveuses.

continuel, celui de vos frères qui se renouvelle sans cesse, contribue essentiellement à la mettre dans ces états que vous me dites si effrayants; mais ce qui me rassure parfaitement pour la vie de cette malheureuse enfant, c'est que son père est auprès d'elle, il prendra très certainement toutes les précautions pour assurer son existence ; si j'avois eu le droit d'exiger qu'elle me fût remise, je serois auprès d'elle occupée uniquement du soin de la consoler et de la distraire. Je pleure ici mes malheurs, et un bien déchirant est celui de voir qu'une étrangère a pris dans le cœur de mes enfants la place que devoit occuper leur mère. »

(LI, 20.)

V

La maison du duc d'Orléans ayant été supprimée par le décret du 13 août 1790, sanctionné en mars 1791, c'est vers cette époque que le prince congédia ses commensaux dont un grand nombre servaient sa famille depuis deux ou trois générations. La duchesse, n'écoutant que son cœur, lui écrivit à cette occasion une lettre où, sous les remontrances, on sent la tendresse toujours présente :

« Je ne puis pas, mon cher ami, ne pas vous répéter encore que le parti que vous prenez me cause une peine mortelle, plus encore par rapport à vous, cher ami, que par rapport aux personnes en faveur desquelles je vous ai parlé. Autant je trouve simple que, ruinés comme nous le sommes, vous ne donniez ni retraite ni gratification à des personnes qui vous ont vu naître, et qui, de tout temps, ont été attachés à nous, autant il m'auroit paru simple de leur laisser finir leurs jours dans des appartements où elles ont fait de la dépense. Ce n'étoit pas la crainte des propos, du déchaînement qui, je croyois, vous auroit engagé à leur accorder cette douceur, mais et votre justice et votre bonté, d'autant plus que cela ne vous coûtoit rien, car ce n'est que de cette année que d'après les décrets qu'elles ont été imposées pour leur appartement, par conséquent cette déduction étoit faite de ce que vous serez imposé pour le Palais-Royal....

« Quant à ce qui me regarde, je suis décidée à loger M. d'Osmont et à laisser l'appartement de Mme de Chasal au vicomte de Ségur ; j'étois bien sûre, quand je vous l'ai proposé, que cela ne pourroit vous déplaire, et quant à ce que cela pourra être trouvé extraordinaire, je n'ai, de ma vie, balancé entre un propos et un service à rendre à quelqu'un sur l'attachement duquel je pouvois compter ; je pense, d'ailleurs, comme vous, qu'il faut les mépriser quand on n'a pas de reproche à se faire ; j'ai, de plus, l'amour-propre de croire que je suis fort au-dessus de tous ceux que l'on pourroit tenir, et que, comme les personnes qui s'en permettroient auroient des raisons pour cela, ils n'en tomberoient que plus vite. Au demeurant, comme je vous l'ai déjà dit, les méchancetés ne m'arrêteront jamais, j'ai toute ma vie eu ce système et je ne m'en suis pas repentie.

« Je suis encore plus malheureuse que vous dans ce moment-ci ; vous êtes consolé par l'opinion que ce que nous perdons contribuera au bonheur, vous savez que je ne pense pas de même, et je n'ai pour supporter mes peines que votre tendresse, mon cher ami, qui doit vous éclairer sur les moyens d'adoucir ma situation et que je me flatte, bien cher ami, de reconnoître dans votre conduite à mon égard. »

(LI, 1.)

Le départ de sa femme, s'il met fin à des scènes pénibles, ne laisse cependant pas d'inquiéter Philippe sur ses conséquences possibles. Il lui fait signifier, par ministère d'huissier, qu'elle ait à réintégrer le domicile conjugal [1].

Une détermination inattendue de la duchesse répond à la sommation et vient terminer ce duel au profit, mais non à l'honneur de Mme de Genlis. Jusqu'ici, Marie-Adélaïde n'a réclamé que ses droits naturels sur ses enfants ; maintenant qu'ils lui sont enlevés sans retour, elle entend défendre leurs intérêts matériels qui sont, à ce moment, plus que compromis.

Le duc d'Orléans a donc la désagréable sur-

[1] « L'an 1791, le 19 avril, à la requête de M. Louis-Philippe-Joseph, prince français, demeurant à Paris, au Palais-Royal, paroisse Saint-Augustin, où il fait élection de domicile, j'ai, etc., signifié et déclaré à Madame Louise-Marie-Adélaïde, épouse du sieur requérant, au domicile par elle élu, à Paris, chez M. Borde, homme de loi, rue, etc. ; qu'ayant appris que M. Louis-Jean-Marie de Penthièvre se dispose à s'absenter du royaume, le prince requérant s'oppose à ce que Madame Louise-Marie-Adélaïde, son épouse, sorte de France, l'invite et lui fait même, autant que de besoin, sommation de se rendre à son véritable domicile, à Paris, au Palais-Royal, dans les appartements qu'elle y a précédemment occupés ; offrant de la recevoir avec les égards qu'il a toujours eus pour elle ; sinon, et à faute de satisfaire à la présente sommation, j'ai, par le prince requérant, fait toutes réserves et protestations de se pourvoir par les voies de droit pour l'y contraindre, etc. » (*Correspondance L.-P.-J. d'Orléans.*)

prise de recevoir, des mains de la princesse de Lamballe, choisie à cet effet par le duc de Penthièvre, une lettre de sa femme lui annonçant qu'elle introduit une demande en séparation.

Les termes dans lesquels la princesse remplit sa délicate mission laissent percer le secret espoir de voir cette situation trouver un dénouement autre que celui réglé par un tribunal :

Mai 1791.

« M. de Lymon,[1] mon cher frère, doit vous parler et vous dire que ma sœur et mon beau-père m'ont proposé d'être l'intermédiaire entre vous et elle, choses que je n'ai acceptées que par la connoissance que j'ai de votre amitié pour moi, et étant bien sûre que vous comptez sur la mienne, j'ai pensé que vous préféreriez d'avoir à traiter avec moi qu'avec tout autre, et j'espère que la malheureuse proposition que j'ai à vous faire de la part de mon beau-père et de ma sœur se fera avec toute l'amitié qui existe depuis longtemps entre nous. Comme je n'entends point les affaires, et que celle ici est d'une nature extrêmement délicate, j'ai fait la condition que nous

[1] M. Geoffroy de Limon, contrôleur général du duc d'Orléans.

n'en parlerions point sans témoins. Ma sœur a choisi M. de Lymon; mon beau-père, M. l'abbé de Fourmestreau, et si vous en voulez faire choix d'un, vous me l'indiquerez. Si cet arrangement vous convient, que bien entendu je n'ai fait qu'à cette condition, il aura lieu.

« Mon beau-père étant extrêmement souffrant, j'ai accepté sa procuration pour lui sauver la peine et la douleur d'une proposition affligeante pour son cœur.

« N'ayez pas l'air d'être instruit par moi. Que ce billet soit un secret entre nous. Vous connoîtrez toujours dans toutes mes démarches la franchise et l'amitié de votre sœur qui a le cœur bien ulcéré des malheurs que sa sœur éprouve.

« Renvoyez-moi mon billet [1], cette demande n'est point défaut de confiance, mais vous sentez qu'il faut une grande prudence dans ma conduite. »

Original non signé.

(XLVIII, 183.)

La duchesse d'Orléans fonde sa demande en séparation sur trois motifs : la différence essentielle de sentiments et d'opinions qui existe entre

[1] On voit qu'il ne le fut pas.

elle et son mari ; le mauvais état de sa fortune ; enfin, sa liaison avec Mme de Genlis.

A présent qu'il a réglé à sa satisfaction ce qui concerne cette dernière, Philippe, visiblement troublé par la nouvelle question qu'il prévoit grosse d'ennuis, veut y parer, comme le fait deviner la note suivante destinée à être mise sous les yeux de la duchesse :

Paris, ce jour de Pâques 1791.

« Je suis fort étonné que Madame d'Orléans veuille notre séparation, et je suis très éloigné de la désirer. S'il falloit absolument en venir là, je pense, comme M. de Penthièvre, qu'une séparation à l'amiable est celle que l'on doit préférer. Mais pour que je puisse entendre à quelque proposition de cette espèce, *il faut avant tout qu'elle me vienne de Madame d'Orléans elle-même, que je sache d'elle ce qu'elle désire, quels sont ses moyens et ses raisons*. Je suis très certain qu'elle n'en peut avoir de solides, mais pour suivre la marche de toute séparation à l'amiable, il faut que Madame d'Orléans commence par m'envoyer le détail que je désire.

« L.-P.-J. D. »

(XLVIII, 31.)

Philippe essaie d'abord de biaiser ; il allègue, pour fléchir la résolution de sa femme, qu'elle excite ainsi les inquiétudes de ses créanciers et peut les porter à des démarches compromettant gravement ce qu'elle entend défendre : l'avenir même de ses enfants.

La duchesse ne se laisse pas prendre à cette spécieuse argumentation et, nettement, y réplique :

« Ce ne sont point les inquiétudes que j'ai pu marquer sur l'état de vos affaires qui ont excité celles de vos créanciers, c'est votre bilan et d'autres circonstances qui ont déterminé leur opinion ; vous prenez occasion des remboursements qui vous sont demandés pour revenir sur le dernier sort auquel vous m'avez réduite et pour me prescrire des lois auxquelles vous savez bien que je ne dois pas souscrire, et je ne permettrai aucune réflexion là-dessus. Je me bornerai à vous demander que votre dernier arrangement subsiste jusqu'à ce que la séparation que je vous ai demandée et à laquelle vous avez consenti ait été effectuée, ce qui ne tardera pas si vous y donnez les mains ainsi que vous l'avez promis.

« J'ai lieu d'espérer que, jusque-là, vous voudrez bien laisser subsister les choses entre nous, telles qu'en dernier lieu vous les avez établies.

« L.-M.-A. DE BOURBON. »

(LI, 3.)

En dépit de son évidente déconvenue, Philippe cherche d'abord le moyen d'en tirer profit pour aider au retour de la gouvernante dont l'amour-propre blessé trouvait d'appréciables compensations dans les supplications du duc :

Paris, ce 10 mai 1791.

« Voici, dear friend, la copie de la lettre que j'ai écrit ce matin à M. O. et sur laquelle je fonde l'espérance de la santé, de la vie et du bonheur de ma fille. Je la lui ai montrée et, à l'effet qu'elle lui a fait que je ne pourrois vous peindre, elle en moureroit si ses espérances étoient trompées. Sa mère, comme vous le voyez par la lettre qu'elle a écrite à Montpensier, annonce qu'elle n'a aucun droit sur elle, qu'elle ne veut y prendre aucune part, et s'en remet absolument à moi pour toutes les précautions à prendre pour elle. Je vous le répète, dear friend, ma fille ne vivroit vraisemblablement pas, mais bien sûrement ne vivroit jamais heureuse si vous ne lui rendiez pas vos soins. Elle y compte, sa tendresse pour vous vous en fait un devoir, mes enfants et moi nous nous joignons à elle pour vous le demander. Vous ne vous refuserez pas, dear friend, et nous attendons votre réponse qui, à ce que nous espérons, ne précédera pas de beaucoup votre retour, avec bien de l'impatience mais sans inquiétude, puisque nous connaissons votre tendresse, et qu'encore une fois vous ne pouvez refuser à la nôtre. »

(XLVIII, 36.)

Copie, pour Mme de Genlis, de la lettre écrite par le duc d'Orléans à sa femme.

Paris, ce 10 mai 1791.

« Mme de Lamballe m'a remis la lettre dont vous l'avez chargée pour moi. En voici la réponse.

« La séparation de biens dont vous me parlez est impossible si vous la poursuivez devant les tribunaux. Mais comme je ne désire que le bien de mes enfants, je me prêterai à tout ce qui pourra les rendre heureux. Je vous invite à donner votre confiance à quelqu'un avec qui je puisse m'entendre sur les moyens.

« Vous avez dit à Montpensier que vous n'auriez pas d'inquiétude sur l'état de votre fille et vous vous exprimiez ainsi : *Ce qui me rassure parfaitement pour la vie de cette malheureuse enfant, c'est que son père est auprès d'elle et prendra très certainement toutes les précautions pour assurer son existence.*

« La précaution la plus sûre et la plus efficace, pour ne pas dire la seule que je connoisse, est d'engager Mme de Sillery à vouloir bien reprendre la place qu'elle occupoit auprès d'elle. Je vais faire tous mes efforts pour l'y déterminer. »

(XLVIII, 27.)

Il faut croire que la présence de Mme de Genlis n'eut pas sur la santé de son élève toute la vertu qu'on lui prêtait car, au mois d'octobre, elle passe en Angleterre avec Mademoiselle pour lui faire prendre les eaux de Bath. On ne daigne même pas en informer sa mère qui s'en plaint amèrement à son mari :

« Je reçois à l'instant votre lettre sans date avec celle de ma fille. Je savois depuis plusieurs jours son départ, mais je le savois par la voix publique, et je pouvois espérer et croire l'apprendre autrement.

« Vous devez me connoître assez pour savoir ce que j'éprouve et juger de l'impatience avec laquelle j'attends des nouvelles de ma fille. »

(LI, 9.)

VI

Ce départ est le prélude de la séparation définitive, imposée, cette fois, par la marche même des événements révolutionnaires. Dans un juste retour, ils feront pour Mme de Genlis, de son succès même, un embarrassant fardeau. D'abord, et non sans raison, elle répond à Philippe qui la presse de rentrer en France avec sa fille : « Il est inconcevable de nous faire revenir en ce moment. » Toutes les insistances de ce dernier sont vaines, son influence a perdu de sa force, et il appelle à la rescousse celle de son fils aîné, en garnison à Tirlemont. Il le charge de présenter à son ancienne gouvernante ce tableau optimiste de la situation :

« Tout va le mieux du monde : l'Assemblée sera excellente [1]. »

[1] XLVIII. 108.

Cette Assemblée qui, pour le duc d'Orléans, s'annonçait *excellente*, était la Convention !

Mme de Genlis ne veut rien entendre, elle restera loin de France et ne va plus chercher qu'une chose : se débarrasser de Mademoiselle. Dans ce but, elle essaie de rompre. Mais Philippe n'entend pas se brouiller ; il le déclare à son fils en lui dénonçant le manège :

« Quant à ce qui vous inquiète pour Mme de Brûlart, je crois que vous avez tort. Je ne me brouillerai certainement pas avec elle, et si elle se brouille avec moi, comme je serai toujours prêt à me raccommoder, parce que je connois sa tête et son cœur, cela ne sera pas long. Je n'en suis effrayé que pour ta pauvre petite sœur qui en souffrira et qui en souffre déjà, je parie, de peur et d'inquiétude. C'est pour elle que j'aurois bien désiré avoir quelqu'un à lui envoyer, mais il est impossible d'envoyer en Angleterre dans ce moment-ci, et je crois que Couade est peut-être un des hommes les plus propres à la calmer. Je t'envoie copie de la dernière lettre de Mme de Sillery à laquelle je ne comprends rien, sinon qu'elle veut gagner du temps. Je lui ai répondu que, quant à l'argent, il ne manqueroit pas ; je lui ai envoyé l'ordre à mon portier de lui livrer la maison *pour son passage à Londres*, parce que je n'ai pu écrire, comme elle le désiroit, qu'elle passeroit l'hiver à Londres, puisqu'au contraire j'avois dit et je disois partout que je lui avois écrit de me ramener ma fille sur-le-champ, que j'avois envoyé au-devant d'elle à Calais et que je l'attendois.

« J'étois convenu avec elle, quand elle est partie, qu'elle ne dépenseroit que 150 louis par mois. Elle m'en a demandé, depuis qu'elle est là-bas, en total plus de 350 par mois que je lui ai envoyé. J'ai cru, d'après cela, qu'elle pourroit fort bien se passer du quartier de ses rentes viagères qui étoit en arrière et suivre sur cela le sort de tous les rentiers viagers, d'autant que ce quartier, avec celui d'Henriette [1] et de Paméla [2], font tout au plus une somme de 3.000 livres tournois. Ainsi il y a de l'humeur de sa part de s'en plaindre, mais sa tête n'y est plus. Dieu veuille que ma pauvre petite n'en souffre pas trop momentanément. Le décret sur le divorce annule absolument toute espèce de procédure

[1] Mlle de Sercey.

[2] Fille adoptive de Mme de Genlis.

commencée en séparation et me donnera sûrement, ou la certitude de n'être pas divorcé, ou, si elle le veut absolument, le moyen d'acheter à ce prix le bien-être et l'indépendance que je veux assurer à tous mes enfants. Ainsi je suis fort tranquille de ce côté-là.

« Voici un extrait de la lettre de Mme de Sillery dont je n'ai ôté que les décomptes d'argent et les protestations de dévouement et de tendresse parce qu'elles sont toutes détruites par l'ordre impérieux de ne point faire d'objections et la demande de n'y pas changer un mot, sans me donner aucune explication sur l'éloignement, mais l'éloignement est de même pour moi, et cela ne m'a pas empêché de lui donner toutes mes raisons. Cette clause m'a bien l'air de chercher une mauvaise excuse pour abandonner ta pauvre sœur. Ecris-moi bien sincèrement et bien franchement tout ce que vous pensez tous les deux, c'est toujours ce que j'aime à vous voir faire et ce qui m'attache à vous. Vous voyez qu'il est nécessaire que vous lisiez tous les deux cette lettre avec attention. »

(XLVIII, 108.)

Entre temps, le chimiste Alyon, instituteur de

Beaujolais, qui avait accompagné en Angleterre Mme de Genlis, écrit à son élève cette lettre prudhommesque :

Bury St.-Edmunds Suffolk en Angleterre.

Ce 29e mars [1792].

« Monsieur,

« J'aurois déjà pris la liberté de vous écrire pour vous parler de ces dames et de Mademoiselle votre sœur, mais je savois que vous aviez fréquemment de leurs nouvelles. J'espère que vous me pardonnerez de la prendre aujourd'hui pour vous assurer de toute la joie que j'éprouve en apprenant l'heureuse tournure que prennent nos affaires. Je connois l'intérêt que vous prenez à la chose publique et je suis bien sûr que vous partagez sincèrement la joie commune. Nos fugitifs ennemis[1] sont enfin confondus : il ne leur reste qu'à rougir de leur ridicule égarement. Ils reviendront tous au milieu d'un peuple libre et généreux demander un pardon que nous serons assez bons pour ne pas refuser, et toute la France sera enfin libre et heureuse ; vous jouirez, Monsieur, de la gloire et du bonheur bien grands

[1] Les émigrés.

de pouvoir dire que vous et toute votre famille avez contribué de toutes vos forces au bonheur de la patrie.

« Je me suis un peu ennuyé à Londres parce que cette ville est noire, que les maisons y sont toutes semblables, l'air mauvais, l'eau impotable, et que l'uniformité des édifices donne une tristesse et une monotonie intolérables. Il faut donc voir Londres, l'étudier, mais n'en pas faire son séjour. Cette ville n'offre de goût d'architecture que dans les boutiques et, du reste, n'a presque point de monuments pour la postérité...

« ALYON. »

(XLVIII, 165.)

Que pouvait bien penser, devant tant de dithyrambes, le frêle et charmant Beaujolais, battu déjà par l'orage ?

Pour Philippe commence l'ère des désillusions. Il doute maintenant du dévouement sur la foi duquel il a sacrifié la tendresse sûre de sa femme, la paix sacrée du foyer. A son tour, il souffrira de l'éloignement de ses enfants et, privée de son unique source de force, cette faiblesse exploitée par l'ambition sombrera dans la tourmente proche.

On peut reconstituer, par la correspondance qui reste de Philippe pendant le séjour de sa fille en Angleterre, quels furent, à tous égards, ses soucis, ses tristesses, enfin ses poignantes inquiétudes. C'est à ses fils qu'il les confie d'abord :

Paris, ce 6 sept. 1792, l'an IV, 1er de l'Égalité.

« Je voulois envoyer Sauvigni[1] à Mme de Sillery parce que, comme il la connoît depuis longtemps, je le croyois une des personnes les plus propres à la ramener et à l'éclairer sur les choses qu'elle voit maintenant de travers. Je ne lui envoierai point M. Mirys, parce que je crois que si elle l'avoit là-bas, au lieu de la décider à revenir, cela la décideroit à rester. Je crois que nos lettres et le dénuement absolu des personnes qu'elle aime et qu'elle voudroit retirer du danger où elle les croit faussement par les idées que son scélérat de frère[2] qui, je crois, est avec elle dans ce moment-ci, lui a mis dans la tête, feront beaucoup plus d'effet que ceux que l'on pourroit lui envoyer. Après toutes ces raisons, il y en a une plus forte que toutes les autres, c'est qu'on ne donne pas

[1] Homme de lettres.

[2] Le marquis du Crest, ancien chancelier du duc d'Orléans.

de passeport pour l'étranger. Au moyen de quoi, j'envoie tout simplement Couade avec James à Calais pour les attendre et les ramener à Paris.

« Adieu, mes chers enfants. Je vous aime et vous embrasse de toute mon âme.

« Je m'occupe toujours de ce que vous désirez ici [1], mais je crains bien que votre âge ne soit un grand empêchement. Roberspierre (*sic*) a été nommé hier, et nous allons, selon toute apparence, nommer Pétion aujourd'hui. »

(XLVIII, 106.)

Adèle à son père.

Octobre 1792.

« J'ai reçu hier, cher papa, la lettre que vous m'avez envoyée par M. de la Court. Henriette [de Sercey] vous a mandé, cher papa, que nous étions parties samedi dernier pour Douvres, et vous savez la raison qui nous a fait revenir. Mon cher papa, personne ne peut se faire une idée des peines que mon amie se donne pour que je sois en sûreté. Que d'inquiétudes et de maux de tous genres elle supporte pour moi! Il n'y a pas

[1] Ils voulaient être candidats à la Convention.

de reconnoissance, il n'y a rien au monde qui puisse égaler ce que vous et moi lui devons. Cela n'est pas de sa faute si elle n'est pas en France avec moi, car voilà longtemps qu'elle le désire, nous avons reçu, la veille du jour où nous comptions repartir, la nouvelle du décret, et l'on nous a assuré qu'il y a beaucoup de fermentation à Calais, ce qui nous a empêché de partir. M. Lepeintre[1] remettra cette lettre à mon cher papa, et je partirai aussitôt que nous aurons reçu la réponse.

« Adieu, cher papa, votre enfant vous embrasse de toute son âme.

« ADÈLE. »

(XLVIII, 188.)

Le décret qui condamne à mort les émigrés a plus de puissance que les objurgations de Philippe pour décider Mme de Genlis au retour.

Henriette de Sercey se charge d'annoncer au prince qu'elles vont bientôt reprendre le chemin de la France.

[1] Secrétaire du duc d'Orléans.

Henriette de Sercey[1] *à Philippe d'Orléans.*

Londres, ce 9 octobre 1792, l'an 1er de la République.

« Les circonstances ont tellement changé depuis vos dernières lettres, Monsieur[2], qu'il n'y avoit pas besoin de menaces pour engager maman à revenir dans la République ; ce n'est pas la crainte de *manquer de secours*, d'être *réduits dans la détresse* qui la fera retourner, mais le désir de revoir une patrie chérie, libre et heureuse. Nous attendons l'argent nécessaire pour payer toutes les dettes, car votre enfant ne doit pas courir le

[1] Quelques jours avant, elle avait écrit à Mme de Genlis cette lettre :

Saint-Edmund's Bury, ce vendredi 21 septembre 1792.

« M. Lepeintre est arrivé ce matin, ma chère maman ; j'ai eu un vrai plaisir à le voir; il m'a dit que vous aviez dormi une nuit entière ; je vous assure que cela m'a fait beaucoup de bien. Je vous envoie les lettres de France, vous verrez que M. Egalité persiste à vouloir faire revenir sa fille à Paris mais, en même temps, il vous envoie l'ordre pour Tappy, ce qui m'étonne ; j'ai bien envie de vous voir et de causer avec vous. J'ai bien des choses à vous dire. Bonsoir, ma bonne et tendre mère ; je suis dans les grands embarras. Je n'ai pas pu acheter *le Mouton Tondu* [caricature du *Père Duchesne* contre le roi Louis XVI] parce qu'on ne vend cette estampe qu'avec quatre autres qui ne sont pas bonnes ; les quatre reviendroient à trois guinées. J'embrasse notre Paméla et *notre Adèle* de toute mon âme. »

(*Intermédiaire*, 30 juillet 94.)

[2] Décret qui condamnait à mort les émigrés.

risque d'être arrêtée pour dettes. Envoyez promptement les 500 livres sterling, Monsieur, ou chargez quelqu'un ici d'être caution ; soyez sûr qu'il n'y aura pas ici un instant de perdu ; nous partons le lendemain. Maman sera peut-être obligée de ne partir que huit ou quinze jours après nous. Vous savez, Monsieur, que, depuis deux mois, sa santé est dans un dérangement affreux[1] ; depuis qu'elle est à Londres, ce triste état est devenu plus inquiétant. Elle n'a pas encore pu se décider à discontinuer d'un seul jour les leçons assidues qu'elle donne à Mademoiselle, quoique ce travail achève de la rendre incapable de donner le moindre soin à sa santé ; d'ailleurs, elle ne veut pas effrayer Mademoiselle et Paméla... »

(*Intermédiaire*, 30 juillet 94.)

Henriette de Sercey au même.

Isleworth, ce mardi 6 nov., l'an Ier de la République.

« Nous croyons tenir le fil de tous les complots. Monsieur, vous êtes cruellement trompé par deux hommes en qui vous avez confiance, M. de la Court et Tappy. Ecoutez mon récit : M. de la

[1] Elle avait quarante-six ans.

Court est venu ici le jour de son arrivée de Paris. Il a remis à Mlle Adèle une lettre de vous, ensuite il a demandé à parler à maman pour lui *signifier des ordres du prince.* Maman a voulu lui expliquer la cause du retour et du voyage, il n'a pas voulu l'écouter et l'a traitée avec une insolence dont on ne peut se faire une idée. Il lui a dit à la fin : « D'ailleurs, si vous ne voulez pas partir, j'ai dans « mon portefeuille un ordre du *prince* pour faire « partir la *princesse.* » Il a fait semblant de chercher ce papier et ne l'a pas trouvé. Il s'en est allé furieux ; en traversant la maison, il traitoit maman comme la plus vile des créatures.

« Deux jours après, M. Lepeintre et Drancy ont été à la maison de Chapel Street, et Tappy leur a dit que M. de la Court refusoit de payer les *bills* jusqu'à ce que Mademoiselle votre fille soit partie, que les marchands vouloient le faire mettre, lui, Tappy, en prison, mais *qu'il s'y laisseroit mettre pour avoir le plaisir d'y faire fourrer cette... Mme de Brûlart*, parce que c'étoit en son nom que tous les *bills* avoient été faits.

« Il a ajouté : « Je sais qu'elle a *escroqué* un ordre

« de Monsieur d'Orléans relatif à moi, elle n'a pour« tant pas osé me le montrer.» Ajoutez à ces propos des termes d'injures atroces. Maman a conté cela à M. Sheridan qui a répondu que nous ne devions pas nous embarrasser de cela, qu'il payeroit les *bills* si M. de la Court persistoit à refuser. Maman a envoyé Drancy à Londres pour montrer à Tappy l'ordre que vous avez donné à maman de faire quitter la maison à Tappy pendant son séjour à Londres. Il a dit, après l'avoir lu, qu'il ne dépendoit *ni de maman ni de vous*, Monsieur, qu'il avoit bien su gagner sa vie avant d'être chez vous et qu'il le sauroit encore après en être sorti, et, ce matin, maman reçoit une lettre d'un des marchands qui a fourni Mademoiselle votre fille. Voici les expressions de cette lettre. Vous savez bien l'anglois et vous serez frappé de ce qu'elle contient :

« Madam,

« I received orders from Mr Tappy to carry my bill against you for oil, lamps, braziers, etc. during your residence in Chapel street, London, to Mr de la Court for payment. Mr de la C. informed me he *would not pay me* nor any bills on your account *till you delivered up the daughter of the duke of Orleans*, etc., etc., etc.

« R. HOUZE. »

« Maman ne croira jamais que vous ayez donné un ordre pour lui ôter Mademoiselle votre fille. M. de la Court dit qu'il en a un qu'il n'a pas voulu montrer. Tappy a aussitôt dit à Drancy qu'il avoit aussi un ordre, qu'il n'a pas voulu montrer non plus. On savoit bien qu'en faisant mettre maman en prison, elle n'y resteroit pas 4 heures, et qu'elle trouveroit assez d'amis pour la cautionner; mais, pendant ce peu de temps, votre fille restoit sans appui, la procuration de maman ne servoit à rien, on prenoit votre enfant en vertu de ces ordres qu'on ne veut pas montrer, et on l'emmenoit; ce n'étoit pas à vous qu'on la ramenoit, soyez-en bien sûr. Si, par hasard, M. de la Court vous a trompé en vous disant que maman ne vouloit pas revenir et que vous pouviez lui donner un ordre pour vous conduire votre enfant, elle est perdue pour vous, vous savez qu'on peut aller débarquer à Ostende... Nous avons des preuves qui nous sont trop précieuses pour les confier à la poste, mais votre cœur gémira quand votre amie depuis vingt-deux ans vous fera le détail de tout ce qu'elle a souffert pour vous conserver ce précieux dépôt confié à sa garde. Cette pauvre amie est bien horriblement accablée, ce qui fait qu'elle ne peut vous écrire. Nous imaginons avec raison que vous n'avez pas reçu toutes nos lettres. C'étoit ce gueux de Tappy qui les mettoit à la poste, car si vous les aviez toutes reçues, vous n'auriez pas été aussi *obstiné* (pardonnez-moi ce terme) à ne pas envoyer l'argent, ce qui est cause que vous avez payé le double, parce que c'étoit Tappy qui a fait les mémoires, et vous n'auriez pas laissé pendant six semaines M. Couad à Douvres, sachant l'état dangereux où maman étoit et où les soins de M. Couad lui eussent été aussi nécessaires.

« Adieu, Monsieur, outre le désir passionné que nous avons de nous retrouver dans notre patrie, nous nous trouverons bien heureuses d'être délivrées de cette ridicule oppression et de pouvoir vous dire la vérité. Adieu encore, pardonnez-moi si, dans mes dernières lettres, il y a quelques expressions qui vous aient déplu, mais mon motif est excusable, c'est la tendresse et la reconnoissance que j'ai pour ma mère et ma bienfaitrice, et l'attachement que j'ai pour notre Adèle qui me foisoient parler, et je suis sûre que ce motif m'excusera à vos yeux. »

(XLVIII, 58.)

Philippe « à la citoyenne Adelle Egalité. »

Paris, ce 17 nov. 1792, l'an Ier de la République.

« Il faut avant que je jouisse du plaisir de vous voir, ma chère petite enfant, que j'arrange quelque chose à ce sujet avec la Convention Nationale [1], ce qui ne sera pas long et ne retardera, par conséquent, que de fort peu ce plaisir qui sera extrême pour moi. Restez donc où vous êtes dans le moment où vous recevrez cette lettre, jusqu'à ce que vous receviez de mes nouvelles que je vous ferai attendre le moins possible, car je vous aime, je vous jure, de toute mon âme. Adieu, je vous embrasse bien tendrement. Votre frère vient de se faire un honneur infini [2]; il se porte à merveille. »

(XLVIII, 109.)

Il est hors de doute que la clairvoyance de Mme de Genlis, aiguisée par la distance, apaisant

[1] Il s'agissait de faire excepter sa fille de la loi qui frappait les émigrés rentrés.

[2] Valmy et Jemmapes.

son enthousiasme révolutionnaire, diminua les espérances qu'elle avait fondées sur la fortune politique du duc d'Orléans. Il lui faut maintenant tirer son épingle d'un jeu qui devient trop dangereux : la Révolution agissante va lui en donner les moyens.

Le séjour de Londres n'étant plus possible pour celle qu'on y appelait « la jacobine », au plus fort de la tourmente, au lendemain des massacres de septembre, elle brave tous les périls dans sa hâte de venir au Palais-Royal jeter presque à la tête de Philippe la fille qu'elle avait conquise sur sa mère.

Encore une fois, Philippe implore pour qu'elle conduise Mademoiselle près de son frère à Tournay. De mauvaise grâce, elle accomplit cette mission et la considère comme la fin de sa tâche.

L'émigration du duc de Chartres la force pourtant à emporter ce précieux dépôt en Suisse où le prince lui-même se rendra peu de temps après.

Pendant son court passage au Palais-Royal, Mme de Genlis avait encore reçu de Louis-Philippe les plus tendres assurances de ses sentiments :

A la citoyenne Sillery à Bellechasse, rue Saint-Dominique, à Paris.

Tirlemont, ce 24 nov. 1792, l'an Ier de la République.

« Je viens de recevoir, ma chère maman, votre lettre de Paris qui m'a fait un sensible plaisir. Assurément je n'ai pas besoin d'explication avec vous et je n'en aurai jamais besoin; je ne me rappelle pas l'inculpation dont vous me parlez, je ne me rappelle que cette lettre sotte et déplacée que je me suis tant reproché, et qui m'avoit été arrachée par le désir que j'éprouvois de vous voir rentrer en France. C'est une sottise que vous avez la bonté de me pardonner, que je vous conjure d'oublier et dont je vous prie instamment de ne jamais me parler. Je n'ai jamais eu la pensée de douter de *l'invariabilité de vos principes et de la pureté de votre conduite*, ce seroit me faire injure que de m'en croire capable; j'ai craint qu'abusée sur notre position, vous vous refusiez à revenir; cette crainte m'a fait écrire une lettre que je ne peux pas assez vous prier d'oublier, mais je n'ai jamais eu d'autre pensée, et je ne conçois pas ce dont, ma chère maman, vous me parlez; au reste, laissons cette vilaine occupation, ne nous occupons que du bonheur d'être réunis après une si longue absence. Vous me retrouverez tel que vous m'avez laissé, toujours ferme et inébranlable dans les principes que vous avez gravés dans mon cœur, comme dans l'attachement sans bornes que je vous ai voué.

« Je n'aurai qu'un regret, c'est d'avoir été obligé de vous en parler ; je suis bien heureux d'avoir trouvé l'occasion de distinguer votre fils, et je pensois avec délices que cela contribueroit à vous rendre heureuse.

« Adieu, ma chère maman, je vous remercie de votre bonne lettre, elle m'a bien soulagé, car j'étois bien tourmenté de la pensée que vous aviez à vous plaindre de votre fils. [1]

« PHILIPPE EGALITÉ. »

(XLVIII, 244.)

Ce séjour à Paris, les événements le rendirent court et inquiet, ainsi qu'on peut en juger par ce

[1] On le voit, les protestations du duc de Chartres sont d'autant plus vives qu'elles s'accompagnent d'un acte de contrition. Il est facile de deviner qu'à la suite des incidents dont son père l'avait, en quelque sorte, laissé juge, Louis-Philippe avait marqué du mécontentement à celle qu'il avait coutume d'admirer si dévotement. Malgré ce retour de soumission, le charme était rompu.

qu'en dit à son frère Madame Adélaïde. Un fait retient surtout l'attention dans cette lettre, ce sont les circonstances de l'ouverture de la fameuse armoire de fer. On s'imaginait qu'elle renfermait des papiers accablants pour la royauté, « tous leurs projets », comme l'écrit, avec un inconscient cynisme, la fille d'Egalité. Or, le post-scriptum dit nettement qu'il n'y avait « rien du tout dedans ! » Ne peut-on croire que Pétion et Roland, en présence de documents compromettant les parlementaires, firent répandre le bruit qu'ils n'avaient rien trouvé d'important, afin de pouvoir procéder à un tri ? C'est pourtant avec ce qui restait de ces papiers qu'on condamna Louis XVI. Il convient de remarquer aussi que Madame Adélaïde ne donnait pas là un vague renseignement, si l'on songe aux relations étroites du maire Pétion et de Mme de Genlis.

De Paris, ce 20 novembre 1792.

« Nous voilà donc dans notre patrie, mon cher frère, mais je ne jouis qu'imparfaitement du bonheur de revoir mon père, mon frère et nos amis, car j'ai bien peur que nous soyions obligées de les quitter encore une fois ; quand aurons-nous la tranquillité? Notre mère est bien changée et d'une faiblesse affreuse ; cela me désole ! Nous espérions trouver ici le repos et le bonheur, mais il faudra peut-être se séparer et, après une si longue absence, que c'est cruel !... Au moins, si nous sommes forcées de partir, nous aurons le bonheur de vous revoir, car nous irons tout auprès du lieu où vous êtes maintenant; quelle consolation cela sera pour nous ; vous pourrez peut-être passer quelque temps avec nous. Il y a un an et demi que nous ne nous sommes vus, que cela est long !

« Nous avons dîné aujourd'hui avec Pétion qui nous a appris une chose très singulière. Il est venu ce matin, chez M. Roland, un serrurier qui lui a dit qu'il y avoit dans la chambre du ci-devant roi, derrière le lambris, une porte de fer dont il avoit la clef. M. Roland s'y est rendu sur-le-champ avec lui ; il y a trouvé des liasses de papiers ; cela va sûrement compromettre encore beaucoup de personnes ; on imagine que ce sont tous leurs projets; on ne sait pas d'autres détails. M. Roland y est encore; aussitôt que j'en saurai, je vous les manderai ; je ne fermerai cette lettre que demain, jour où notre sort doit être décidé.

Ce 21 novembre matin.

« Il n'y a rien du tout de décidé, mon cher frère, mais nous croyons qu'il faudra partir, que cela est triste ! Il y auroit deux mois que nous serions ici, si mon père avoit envoyé de l'argent de quoi payer nos dettes à Londres, car mon amie avoit grande envie de partir, mais au reste cela ne fait rien, car quand il y auroit deux mois que nous serions ici, ce seroit la même chose ; pour être en règle, il faut y être depuis le mois d'avril[1]. Notre mère est toujours bien faible ; il ne lui faut pour la rétablir que de la tranquillité, et je ne sais quand nous l'aurons. Adieu, mon cher frère, notre mère vous embrasse tous les deux, de toute son âme, ainsi que moi.

« ADÈLE. »

« On a parcouru tous les papiers qu'on a trouvés hier chez le ci-devant roi ; il n'y a rien du tout dedans ; on ne comprend pas ce que cela veut dire ; il y a sûrement quelques pièges là-dessous. »

(*Intermédiaire*, 20 juillet 97.)

[1] Date fixée par le décret pour le retour des émigrés.

VII

Voici la famille définitivement dispersée ; exils, prisons, échafaud ont le dernier mot dans ce drame de famille, mêlé, à partir de ce moment, à celui de l'Histoire.

Il ne peut être indifférent, à présent que toutes les phases de ce conflit intime ont été exposées dans leur enchaînement logique, de considérer de près ceux qui en furent l'objet ; c'est-à-dire, les élèves de Mme de Genlis, les enfants de Philippe Egalité.

De même que Marie-Adélaïde se fait connaître par ses lettres, celles que les jeunes princes échangent à cette époque nous feront connaître, plus sûrement que le fameux *Journal* de la gouvernante, leurs caractères, leurs sentiments, leurs opinions.

Car ces enfants, grandis dans des heures tragiques, ne se contentaient pas d'en être les témoins : sous l'influence de leur éducation, ils prennent parti et tournent ingénuement les pages du redoutable livre de faits que leur éducatrice estimait pour eux « valoir mieux que tous les autres livres ».

Quel fruit retirent-ils de cette lecture ? Nous l'apprendrons d'eux-mêmes. Nous saurons également si c'est avec raison que la duchesse accusait Mme de Genlis de lui ravir le cœur de ses enfants.

Ce qui éclate d'abord dans ces lettres, c'est la tendresse exquise qui unissait les enfants de Philippe. Il avait, d'ailleurs, on l'a vu dans les billets que, d'Angleterre, il adressait à Mademoiselle, mis tous ses soins pour atteindre ce but.

De quelle manière, par contre, s'exercera l'influence paternelle sur l'esprit d'enfants qui voient leur mère placée, par son mari même, après la gouvernante :

Le duc d'Orléans au duc de Chartres.

Londres, ce 21 mai [1790].

« J'ai reçu votre lettre, mon cher enfant, dont j'ai été très content ; votre amie me mande qu'elle l'est parfaitement de vous, ainsi vous me rendez bien heureux. Ma lettre ne sera pas longue, mais vous fera bien plaisir ainsi qu'à votre frère, car c'est pour vous dire que s'il y a quelque occasion de vous faire voir la guerre à tous les deux, je ne la laisserai pas échapper et vous y mènerai avec grand plaisir. Ainsi continuez à vous appliquer à tout ce que votre amie vous demande et soyez sûrs que je vous aime bien tendrement. Ne faites part à persorne *qu'à votre amie et à votre mère*, qui les connoissent déjà, de mes intentions à cet égard. Adieu, je vous embrasse. Faites bien des caresses de ma part à votre sœur et baisez Beaujolois en le prenant par le nez. »

(XLVIII, 59.)

A travers la franche affection qui éclate dans les lettres des enfants de Philippe, on ne saurait manquer d'être frappé de l'intérêt passionné que ces jeunes princes prenaient à la marche d'une révolution dont, cependant, ils commençaient d'être victimes. Leur attachement quand même à des principes qui les sacrifiaient décèle un naturel qui, quoiqu'orienté vers des conceptions contraires à celles que devait leur inspirer les devoirs de leur naissance, n'en apparaît pas moins tout à leur honneur.

Le duc de Chartres à sa sœur.

Vendôme, ce 19 juin 1791.

« Il y a aujourd'hui huit jours que je dînois à Bellechasse avec tous nos bons députés, cela me serre le cœur, dites-leur bien des choses pour moi quand vous les verrez... »

(XLVIII, 236.)

Le duc de Montpensier au duc de Chartres.

Ce 20 juin 1791.

« Ta lettre m'a fait grand plaisir, mon cher ami, ainsi que la lecture de celles que tu as écrites à mon amie. J'y ai vu, comme tu peux croire avec grand plaisir, que quoique tu n'aies pas été trop bien reçu d'abord, on te traite mieux de jour en jour[1]. Au reste, cela ne m'étonne pas, car je ne suis pas inquiet de la manière dont tu te conduiras. Je t'apprends, ou tu sais déjà, qu'Alexandre Beauharnois est président de l'Assemblée Nationale[2]. Les Jacobins ont décidé hier au soir qu'une adresse aux assemblées primaires et électorales

[1] A son régiment.

[2] Premier mari de l'impératrice Joséphine, général dans l'armée du Rhin en 1792, décapité en 1794.

faite par Roberspierre (*sic*) et dont il nous a fait lecture, seroit imprimée sur-le-champ aux frais de la Société et envoyée à toutes les sections et à toutes les sociétés affiliées. Les uns disent que nous n'avons pas le droit de faire de telles adresses, les autres disent que si. Il faut observer que, dans cette adresse, il fait espérer que les électeurs seront payés, et par là il préjuge au décret, puisque l'Assemblée Nationale n'a encore rien prononcé là-dessus. Une déclaration de l'abbé Siéyès, qu'il a lue lui-même et qu'il invite tous les citoyens de signer, a excité beaucoup de bruit. Les uns la croient insidieuse, les autres sont en admiration. M. Salle a dénoncé cette déclaration et a observé que Malouet et plusieurs autres de cette trempe l'avoient signée. Tu sais le détestable décret que l'Assemblée a rendu samedi dernier. Elle a déclaré qu'il n'y avoit pas lieu à accusation contre le cardinal de la Rochefoucault, et il est convaincu d'avoir fait des mandements horribles. Des députés me disoient que si on avoit voulu mettre aux voix la révocation de la Constitution et de tout ce qui s'est fait, cela auroit passé indubitablement... Au reste il y a une division dans les Jacobins qui, j'en ai bien peur, les mène à leur fin; s'ils continuent ainsi, il est impossible qu'ils durent. Mande-moi si chez toi on nomme de bons électeurs. Ici on y met trop d'indifférence. Tu sais que M. Duveyrier est parti pour porter le décret à M. de Condé... Nous avons dîné hier avec Merlin.

« Adieu, mon cher Chartres.

« MONTPENSIER. »

(XLVIII, 253.)

Ce 21 juillet [1791].

« J'ai une grande nouvelle à t'apprendre, mon cher Chartres, ou plutôt à te répéter, car j'imagine que la lettre de mon amie qui te l'apprend aura eu la priorité sur la mienne. En un mot les cordons bleus sont supprimés, et je vois un malheureux jeune homme qui, dans la ville de Vendôme, sera *forcé* d'ôter sa plaque sur-le-champ... J'ai été bien fâché de ne pas voir ta lettre sur les Feuillans et les Jacobins, car je vois que tu penses comme moi. Adieu, mon cher Chartres. Je t'embrasse de toute mon âme... mon Dieu que j'ai d'impatience de te voir !

« MONTPENSIER. »

(XLVIII, 257.)

Paris, 29 juin 1791.

« Je n'ai que le temps de remercier mon cher frère de sa petite lettre et de lui dire, de la part de notre seconde mère, que c'est M. de Beauharnois qui, le fameux jour du départ du roi, a fait passer à l'ordre du jour, et qu'ainsi il faut que tu prennes de là occasion de l'en louer et de le remercier de tous les soins qu'il se donne auprès du ministre pour que ton régiment soit réuni. »

(*Intermédiaire*, 30 juillet 94.)

Veut-on savoir comment un prince du sang et un futur souverain appelle le cordon bleu de l'ordre du Roi qui vient d'être supprimé ?

Ce 7 août 1791.

« ... J'ai eu hier une preuve de plus que je suis né sous une heureuse étoile, car j'aurois dû être écrasé. Je vais tous les jours au manège depuis que je suis ici pour faire dresser nos recrues, j'en suis sorti à six heures et, à sept heures, une grande partie du toit s'est écroulée. Fort heureusement il n'y avoit plus personne, car il seroit certainement arrivé quelque malheur ; et c'est précisément l'endroit où je me tenois ordinairement...

« Je reçois avec plaisir ton compliment sur *la suppression de la bandoulière aristocratique*; quant à moi, j'en ai fait un saut de joie !

« Adieu, ma chère sœur, votre tendre frère vous embrasse de toute son âme et vous prie de dire bien des choses à Mlle de Sercey et Paméla. Quand donc te reverrai-je ?

« CHARTRES. »

(XLVIII, 223.)

Valen[ciennes], ce 15 oct. 1791.

« Il est vrai, mon cher frère, que j'ai oublié de te répondre, je t'en demande bien pardon ; que j'ai envie de te voir, de me retrouver au milieu de tout ce qui m'est cher; tu ne sais pas ce que c'est, mon Beaujolois, que quatre mois d'absence, combien cela est long et pénible, comme on souhaite de voir tout ce qu'on aime, tu connois mes sentimens pour toi et tu dois sentir si j'ai envie d'être quelque tems avec toi ! [Le pr. (*rayé*)] M. de Lambesc est venu chasser dans la forêt où se trouve la maison de M. de Croy, quelques jours après notre petite course ; il a dit qu'il étoit fâché de n'en pas avoir été instruit, qu'il seroit venu me voir, j'aurois été bien aise de le rencontrer. J'ai reçu, il y a quelques jours, la visite d'un officier d'Ath qui est venu ici, nous avons beaucoup causé, il m'a dit qu'on avoit toujours le projet d'entrer ; j'ai dit que nous, nous avions, non seulement le projet, mais la certitude de les recevoir comme des gueux qu'ils sont ; il a dit que leurs intentions étoient très pures, *la paix*, la tranquillité, l'ordre, etc. Je lui ai dit qu'au reste on diroit que ces messieurs rouloient sur l'or et sur l'argent. Il m'a dit : « Vous savez « bien que non, mais ils s'y ruineront. Quant à « moi, je suis dans une position très heureuse, « parce que, comme capitaine réformé, n'étant « attaché à aucun régiment, on ne m'a pas « demandé de serment ; ainsi si la Constitution « tient, je serai remplacé [1] à mon tour, si elle « ne tient pas, je suis inscrit à Ath et pareille- « ment sûr d'être placé. » Je n'ai pas tenu à ce propos et nous nous sommes dit adieu tout de suite, et comme je ne veux plus de semblables visiteurs, j'ai consigné tous ces messieurs à ma

[1] Employé.

porte. Mais en voilà bien long. Adieu, mon cher ami, que j'aime de toute mon âme.

« L.-PHILIPPE. »

(XLVIII, 235.)

A Monsieur,
Monsieur Beaujolois, au Palais Royal, à Paris.

Valenciennes, ce 21 nov. 1791.

« J'attendois pour t'écrire, mon cher frère, l'arrivée de ces fameuses et célèbres constitutions que tu nous annonces toujours et qui ne viennent jamais. C'est exactement comme M. de Biron qui doit toujours partir tous les mercredis et arriver tous les vendredis. Je crois qu'il ne viendra pas plus que notre congé que nous attendons comme les juifs attendent le Messie. Cependant hier on a reçu avis que son vin[1] étoit en marche, et on espère qu'il le suivra de près. On dit aussi que ses chevaux vont arriver. Mais je n'ai pas grande confiance en eux, depuis que je sais qu'ils sont 18 mois en Corse à l'attendre. Adieu, mon cher ami, je t'embrasse de toute mon âme.

« L.-P. »

(XLVIII, 230.)

[1] On voit que ce général républicain avait conservé des habitudes de grand seigneur.

Quant à la profession de foi du fils aîné du duc d'Orléans, elle est tout entière résumée dans le paragraphe final de l'espèce de chronique domestique que, pendant un court passage à Paris, il adresse à sa sœur en ce moment en Angleterre :

Paris, ce 17 avril 1792.

« Il y a bien longtemps que je n'ai écrit à ma chère petite sœur. Je lui envoie le détail de la fête patriotique qui a eu lieu dimanche à l'occasion de l'arrivée des suisses de Château-Vieux. C'est une moitié de la chronique. Cette fête a eu lieu malgré *la rage de tous les aristocrates*, ministériels et autres ; on faisoit applaudir les femmes qui, de leur fenêtre, la regardoit passer et, comme disoit fort bien Manuel, cette fois-ci *le parterre est trop imposant pour que les loges osent résister.*

« Je suis arrivé d'Anet hier au soir, ma mère m'a paru beaucoup mieux, et Mme Chatellux plus horrible que jamais, elle est d'ailleurs détestée de toute la maison. Nous vous attendons toujours, mon père voudroit bien que vous soyez ici ; il sera bien douloureux pour nous de partir quand vous arriverez, ce sera pour moi un chagrin mortel que de ne pas vous voir avant la campagne, car je crois qu'il y aura guerre, et très promptement, il faudra bien que vous reveniez, et moi, qui vous ai à peine aperçue depuis 10 mois, me voilà encore condamné à être 7 à 8 mois sans vous voir, cela est bien pénible...

« Adieu, ma chère sœur, que je chéris et que j'embrasse de toute mon âme.

« L.-P. »

« M. de Sillery a pris ce matin du jus d'herbes.

« Le petit Pétion a mal à l'œil.

« Mme Voidel se porte à merveille, comme un petit ange qu'elle est.

« Louis-Philippe, prince françois en expiation de ses péchés, colonel du 14e régiment de dragons, et quatrième colonel de l'armée françoise, ton frère et ton aîné de quatre ans moins deux mois plus treize jours, *et jacobin jusqu'au bout des ongles.* »

(XLVIII, 224.)

Hukange, ce 23 août 1792, l'an IV.

« Très chère sœur,

« Je vous envoie une lettre de ma mère qu'elle me charge de vous faire passer. Vous devez déjà en avoir reçu une que M. de Montpensier, mon frère et le vôtre, et de plus, mon aide de camp, a été chargé de vous envoyer. Je vois approcher, ma chère sœur, avec une joie bien sincère et un plaisir doux comme le miel, l'heureux instant qui nous réunira ; si vous n'y prenez garde, ma chère sœur, je vous étoufferai. Je pense que tout va bien : on dit que les Prussiens vont tenter de faire une trouée, je ne sais si cela est vrai, mais si cela est, je vous assure que cela ne m'inquiète nullement et, à quelques alertes près qu'on nous donne de temps à autre, nous sommes très tranquilles ici. N'oubliez pas que je vous ai demandé à déjeuner à Bellechasse pour le jour de la Toussaint, et ne priez pas trop de monde afin que nous soyions entre nous. Ah ! quel plaisir j'aurai ce jour-là ! J'embrasse ma chère petite sœur de toute mon âme.

« LOUIS-PHILIPPE. »

« *P.-S.* — Mme de Lamballe vient d'être arrêtée par ordre de la municipalité de Paris et mise à l'Hôtel de Force[1]. »

(*Intermédiaire*, 30 juillet 94.)

[1] Ce froid post-scriptum fut écrit moins de quinze jours avant le massacre de la malheureuse princesse, sa tante.

De son côté, Pulchérie (Péky) de Genlis, aujourd'hui Mme de Valence, correspondait avec les compagnons de sa jeunesse. A Mademoiselle, elle dit sa tendresse un peu attristée du silence que gardent à son égard Henriette et Paméla ; à Montpensier, elle ne dissimule pas l'impression produite par les mouvements de l'armée du Nord[1] et les scènes fâcheuses qui s'y passent.

Quant au duc de Chartres, l'ami d'autrefois, « le grand garçon de Bellechasse, gauche et pataud », aujourd'hui auréolé de gloire, c'est presque avec respect qu'elle l'interroge. Toutefois, elle conserve quelque défiance sur des informations où elle saura faire la part de l'enthousiasme, comme elle fera la part de sa mère dans ce qu'elle voit un chef-d'œuvre de l'éducation.

Mme de Valence à Mademoiselle d'Orléans.

11 août 1790, Aix, en Savoie.

« Vous êtes charmante pour moi, mon aimable princesse, et j'en suis bien reconnaissante ; votre petite lettre m'a fait bien grand plaisir, non seule-

[1] Son mari, à ce moment à l'armée du Nord, lui écrivait des nouvelles alarmantes.

ment parce qu'elle m'a prouvé que vous pensez à Péky, mais aussi parce qu'elle m'a donné des nouvelles de maman ; j'en ai bien rarement, et c'est à vous, chère Adèle, que je me recommande pour en avoir plus souvent. Paméla et Henriette m'oublient entièrement, et je compte sur votre souvenir et votre bonté. Nous allons aller bientôt à Genève ; je regretterai beaucoup le séjour d'Aix qui est ravissant pour les environs et les promenades. Voilà bientôt trois mois que je suis séparée de maman, et j'ai encore autant de temps à passer sans la voir... Adieu, mon aimable et chère Adèle. Permettez à Péky de vous embrasser mille fois et de vous dire combien elle vous aime ; sa tendresse pour vous date de votre berceau, et elle espère que son ancienneté lui donnera toujours des droits à votre amitié. J'embrasse Paméla et Henriette malgré leur oubli, je les aime bien tendrement l'une et l'autre. »

(*Intermédiaire*, 30 juillet 94.)

Mme de Valence au duc de Montpensier (?)

De Paris, ce 1er juillet [1792].

« Je suis dans la désolation des nouvelles que je reçois à l'instant même par M. de Valence.

Il m'écrit avec désespoir que l'armée rétrograde. Ainsi, par cette détestable mesure, nous perdons tous nos avantages et nous nous mettons à la merci de tous nos ennemis. Qu'est devenue la tête et l'audace du maréchal [Luckner] et l'horrible action de M. de Jarry [1] qui a fait brûler les faubourgs de Courtrai ? Je vois, Monsieur, que vous n'êtes pas au fait de son affaire avec M. de Valence. Je vais vous la dire en vous priant de n'avoir pas l'air de la savoir, puisqu'il ne vous en a pas parlé. Je n'ai rien à recommander à votre sûreté à cet égard.

« M. de Valence ne s'est pas battu ; à la fin d'un souper avec M. de Jarry, ce dernier, étant un peu gris, s'est offensé d'une chose que lui a dite M. de Valence, et ayant saisi le couteau qui étoit à côté de lui, il s'est voulu jeter sur lui pour l'en frapper. M. de Valence a opposé sa main et a reçu les deux coups de couteau qui l'ont blessé, sans seulement tenter de les rendre. M. de Jarry, ayant repris sa raison, lui a demandé mille pardons de ce brutal emportement, et M. de Valence a préféré qu'on dise qu'il s'étoit battu plutôt que de

[1] Emigra en août 1792 (cf. la lettre du duc de Montpensier, XLVIII, 289).

dire que M. de Jarry avoit voulu l'assassiner. Vous concevrez aisément un tel acte de violence de celui qui a fait brûler les faubourgs de Courtrai et qui ensuite a pensé assassiner à coup de pistolet M. de Bérenger qui désapprouvoit cette horrible démarche...

« Adieu, Monsieur, je vous conjure de ne pas m'abandonner pour les nouvelles de votre armée... Je m'afflige plus que personne des malheurs qui peuvent donner prétexte aux ennemis de la Constitution de calomnier la Révolution et ceux qui l'aiment constamment, mais je me flatte que vous ne doutez pas de mon inviolable attachement à des principes qui, avec plus d'expérience, doivent assurer un jour le bonheur de tant d'hommes.

« Je reçois une lettre dans l'instant qui m'apprend la tentative des Autrichiens sur Courtrai. Après cet événement, il me semble que c'est une double lâcheté de s'être retiré. »

(XLVIII, 333.)

Mme de Valence au duc de Chartres.

Ce 17 août 1792.

« J'ai écrit longuement à M. de Valence, ce qui fait que je suis pressée par le départ du courrier, et je n'ai que le temps, Monsieur, de vous remercier de votre aimable lettre. Malgré vos *maussaderies* passées, il y a longtemps que, dans mon tendre intérêt et mon amitié pour vous, je ne pense plus à ce *grand garçon* de Bellechasse que toutes les jeunes personnes grondoient pour sa mauvaise grâce et sa *pataudérie ;* je ne vois plus en lui qu'un général, un de nos défenseurs, et sûrement toujours un des premiers pour combattre les ennemis de notre liberté. Mais dites-moi donc si vous croyez que nous sommes assez forts pour leur résister, dites-le moi sans partialité ; on peut en avoir sur le courage de ses soldats, mais non sur des forces défensives, et je crois que c'est ce qui nous manque. Je croirai ce que vous me direz ; j'ai confiance en votre jugement, mais que l'enthousiasme d'une belle cause ne le guide pas. Songez que nous pourrions espérer beaucoup si nous n'avions pas des trahisons à craindre, si *notre parti* étoit uni, si des scissions dangereuses n'existoient pas entre les patriotes ; tout cela, il faut l'avouer, est bien plus dangereux encore que les houlans et les pandours. Je me *maintiens* bonne et *incorruptible* patriote au milieu de tout cela, et je sens qu'à mesure que notre liberté est plus menacée, j'y tiens davantage. J'ai une horreur encore plus forte pour les aristocrates ; l'idée que nos maux sont des biens pour eux me rend leur vue insupportable, et j'ai dit à ma tante[1] que je n'irois plus chez elle quand ils y seroient. Ne répétez pas cela, je vous en prie. Adieu, Monsieur, le plaisir de causer avec vous *en grande personne* me feroit oublier le courrier, et je le préfère à la poste ; je vais donc finir en vous priant de me tenir la promesse que vous avez bien voulu me faire. Des nouvelles apprises par vous auront un double prix pour moi, parce que je serai certaine qu'elles seront jugées par un esprit juste, impartial et raisonnable. Mille choses à Monsieur votre frère et à MM. Pieyre et Mirys, et recevez vous-même l'assurance de ma sincère et tendre amitié. »

(*Intermédiaire*, 30 juillet 94.)

Mme de Valence au même.

Septembre 1792, ce vendredi, de Paris.

« J'espère, Monsieur, ne vous rien dire que

[1] Mme de Montesson.

vous ne sachiez en vous parlant des inquiétudes que j'ai éprouvées pour vous et de la joie que j'ai ressentie en apprenant la manière distinguée dont vous et Monsieur votre frère vous vous étiez conduits [1]. Je n'attendois pas moins des élèves de ma mère ; je pouvois craindre pour votre vie, mais non pour votre conduite qui, j'en suis certaine, sera toujours digne d'un aussi bon patriote que vous. Recevez donc mes tendres félicitations sur vos premières armes, elles seront brillantes, mais bien achetées par l'inquiétude de tous ceux qui vous aiment. Je suis arrivée hier soir de Strasbourg ; j'ai eu le plaisir de voir Monsieur votre père ce matin. Il vous ira trouver bientôt, et ce sera un bonheur de plus pour vous que de vous distinguer sous ses yeux. »

(*Loc. cit.*)

Il est certain que Mme de Genlis, malgré son esprit de décision, devait être fort perplexe entre les raisons qui la pressaient de retourner en France et celles qui lui montraient ce retour comme une grave imprudence. Mme de Valence,

[1] A Valmy.

qui pense de même, supplie sa mère de ne songer qu'à sa sûreté.

Mme de Valence à sa mère, Mme de Genlis, à Saint-Edmund's Bury (Angleterre).

Paris, 10 septembre 1792.

« Je ne sais pas, ma chère et tendre amie, si cette lettre vous parviendra ; on me donne plus que jamais l'effroi de vous voir revenir ici. M. d'Orléans l'a mis dans sa tête, il veut vous envoyer chercher et vous rappeler ici pour vous faire trouver dans la crise des événements qui doivent résulter de l'approche des armées étrangères. Après tout ce qui s'est passé[1], je ne puis songer sans une extrême douleur de vous voir ici. Rien n'est plus déraisonnable et plus extravagant. Je n'y vois de la part de M. d'Orléans qu'un sentiment de personnalité qui me choque et me révolte au delà de toute expression. J'espère que la raison éclairée de Mon Amie (*sic*) l'empêchera de s'y soumettre, qu'elle en sentira les immenses inconvénients et qu'elle regardera comme un devoir de ne pas amener de

[1] Les massacres des prisons.

jeunes personnes et des enfants au milieu d'une ville de carnage et de sang. La seule idée de vous y voir me rend horriblement malheureuse ; je compte encore plus sur votre raison que je ne crains l'extravagance de celui qui s'est placé une telle idée dans la tête. L'évêque d'Autun [1] est parti pour Londres ; il m'a promis de vous dire là-dessus toute la vérité ; j'espère qu'il aura le temps d'arriver avant que vous ayez songé à vous éloigner. Il vous porte votre roman, votre montre et des pailles. J'avois d'autres choses à vous envoyer que je n'ai pu avoir pour le jour de son départ. Je ne vous manderai aujourd'hui aucune nouvelle, mon amie ; nous paraissons assez tranquilles dans cet instant, mais les ennemis approchent beaucoup ; ils seront bientôt à Châlons ; il y aura vraisemblablement là une grande bataille qui sera peut-être décisive. Ce moment est terrible à prévoir : nos troupes sans ordre, sans discipline, sans instruction, auront de la peine à résister aux troupes autrichiennes et prussiennes. Vous aurez pu voir dans les papiers que M. de Valence a eu plusieurs avan-

[1] Talleyrand.

tages, mais il a perdu ses équipages et ses bagages. Je compte rester à Paris, chère maman. Ma tante[1] a quelque envie d'aller à la campagne, près de Paris, et je ne suis pas trop tentée d'y aller, pensant qu'étant près de Paris, on est plus exposé qu'à Paris même, dans un grand mouvement. J'ai bien besoin d'être rassurée sur la crainte de vous voir revenir ici ; ce seroit pour moi une peine incalculable et, entre nous, je n'y vois qu'un égoïsme bien coupable de M. d'Orléans qui, pour se populariser[2], vous expose à venir au milieu des meurtres et des dangers. Vite un mot de vous, ma douce amie, je vous en conjure. Si vous n'êtes pas en sûreté en Angleterre, allez en Ecosse ; j'y ai un ami qui se mettroit en quatre pour vous être utile, et vous y trouveriez un asile tranquille ; mais surtout, attendez quelques mois avant de revenir ; vous ne le pouvez sans beaucoup d'inconvénients. Je rabâche bien, mais puis-je faire autrement pour un si grand intérêt. Hélas ! aurois-je cru que, loin de presser

[1] Mme de Sercey.

[2] C'était bien plus la crainte justifiée de voir sa fille traitée en émigrée.

votre retour après une longue absence, je tâcherois de le retarder. Je n'ose pas vous écrire plus longuement, ne sachant si ma lettre vous parviendra. Adieu donc, mon amie, ma tendre mère, aimez toujours avec la même tendresse votre fille à laquelle vous êtes si chère. »

(*Loc. cit.*)

L'idée que Mademoiselle pouvait se faire des événements de France était singulièrement formée par les jugements de son père :

Paris, mercredi 15 août 1792, l'an IV.

« Il y a peut-être un peu de retard dans mes lettres, ma chère petite, parce que, personne ne pouvant sortir de Paris, j'ai été obligé d'envoyer mes lettres à la poste de Livry, ce qui leur aura fait manquer le jour du départ de Paris pour l'Angleterre, ainsi vous en recevrez peut-être deux à la fois. Vous les aurez plus exactement à présent que je vous écris de Paris où j'ai été obligé de revenir pour mes affaires, quoique j'eusse formé ce projet, puisque j'en étois dehors par hasard, de n'y rentrer que quand on pourroit en sortir librement.

« Quoique je n'aime pas que ma liberté soit

contrariée, je ne puis cependant pas m'empêcher de convenir que cette précaution est nécessaire dans ce moment-ci pour pouvoir arrêter toutes les personnes qui donneroient des éclaircissements sur un complot abominable formé contre notre liberté, et d'ailleurs cela ne peut pas être long à présent, car il y en a déjà un grand nombre d'arrêtés, et l'on croit être sûr de tenir le fil et d'avoir bientôt avec certitude tous les détails qui seront rendus publics, chose bien nécessaire pour ôter l'envie de recommencer quelque chose de ce genre. Je crois qu'on en est dégoûté, et que, pour cette fois-ci, on ne doutera plus de la volonté bien décidée de la Nation d'être libre et de n'être plus trompée.

« Adieu, chère petite enfant que je chéris. Embrassez votre amie de ma part bien tendrement. Comme voilà la belle saison qui se passe, je vous manderai bientôt de revenir me trouver, et j'en aurai bien du plaisir. Montrez cette lettre à votre amie. Adieu bonne, bonne petite. »

(XLVIII, 101.)

Il n'y a pas jusqu'à Mme de Buffon qui ne se mêle d'écrire ainsi l'Histoire pour Beaujolais, son favori :

Ce lundi 13 août 1792.

« Je suis bien reconnaissante de l'aimable attention de M. de Beaujolois. Je puis bien l'assurer qu'au milieu des effrayantes horreurs arrivées depuis 4 jours, je formois continuellement le désir de le posséder ici. *Voilà donc encore les patriotes sauvés des pièges désastreux qu'on leur tendoit, et les noirs projets sont renversés.* J'attends l'instant de vous aller rejoindre avec impatience. J'imagine que ce sera sous très peu de temps. Adieu, mon favori, conservez-moi toujours de l'amitié, une marque de votre souvenir m'enchante ! Comptez pour la vie sur mon très tendre intérêt. Je vous embrasse de tout mon cœur.

« C. B. »

(XLVIII, 163.)

Dans cet état d'esprit, Beaujolais qui s'appelle maintenant Alphonse Léodgard — la Convention lui ayant enlevé son nom par le décret qui abolissait les qualifications féodales — va tirer pour sa sœur cette conclusion inattendue des massacres de septembre :

To Mrs Adèle, St Edmund's Bury, Suffolk shire England.

Ce 5 sept., l'an IV et 1 [1792].

« ... Vous savez sûrement toutes les horreurs qui se sont commises aux prisons, cela fait frémir, ainsi je ne vous en parlerai pas.

« On dit qu'il y a 4 ou 5.000 personnes de tuées. Il part pour les armées plus de monde qu'il n'en faut. Il y a plus d'armes qu'il n'en faut, et il y a dans les sections des liasses d'assignats de 50 l., 100 l., 200 l., etc., comme si c'étoit du papier commun, tout cela est des dons patriotiques.

« *Oh! ça ira, va, ça ira !*

« Les députés envoyés dans les départemens pour faire des recrues écrivent qu'ils ont les plus grands succès.

« Adieu, ma petite bibi que je baise sur les deux joues.

« ALPHONSE LÉODGARD. »

(XLVIII, 216.)

Le décret qui ferme la France à tous les Bourbons a paru ! Où le destin jettera-t-il chacun des membres de la famille désunie ? Henriette de Sercey, compagne d'exil de Mademoiselle, donne à Beaujolais l'exemple d'un stoïcisme vraiment un peu trop républicain ; mais quelle douloureuse anxiété trahit le post-scriptum ajouté de la main du fils aîné de Philippe Egalité :

A Alphonse Léodgard, maison de l'Egalité.

Tournay, ce mercredi au soir 19 [oct. 92].

« Eh bien, mon aimable ami, il est donc porté, ce terrible décret. Vous voilà donc tous proscrits... mais de bons républicains comme nous doivent se soumettre sans murmurer. Où allez-vous ? Qu'allez-vous faire ? Quand nous reverrons-nous ? Où ? Mon Dieu, que c'est affligeant ! Votre frère aîné est avec nous, il me charge de vous dire qu'il lui est impossible de vous écrire ce soir ; il est dans ce moment à écrire sa treizième lettre et il est trois heures du matin. Je n'ai pas voulu laisser partir Gardanne[1] sans vous écrire un mot. Vous imaginez bien que nous sommes cruellement tristes. Il n'y a que votre frère qui ne le soit pas.

[1] Courrier de Philippe d'Orléans.

« Bonsoir, mon cher enfant, peut-être ne nous verrons-nous de longtemps ! Mais, malgré l'éloignement, nous porterons notre Léodgard dans notre cœur. Votre amie, votre pauvre petite sœur, votre frère, Paméla et moi, vous embrassons aussi tendrement que nous vous aimons. Dans quelqu'endroit que nous soyons, promettez-moi de m'écrire quelquefois. Encore une fois adieu... »

« Je veux mettre un petit mot à mon Léodgard pour lui faire voir de l'écriture de l'aîné des proscrits, je ne sais pas quand je le reverrai, cela est triste, adieu, je t'embrasse de toute mon âme, mon pauvre petit Léodgard. »

(XLVIII, 154.)

Cet accablement ne dure pas ; il est indigne, pense le ci-devant duc de Chartres, d'un citoyen qui doit se modeler sur les héros antiques que Mme de Genlis n'a cessé d'offrir en exemple à ses élèves. Il saura se sacrifier sans murmurer aux décisions de ceux qui veillent au salut de la patrie. Il l'affirme en timbrant ses lettres d'une pierre dure représentant une tête de Brutus entre deux poignards :

Quiévrechin, ce 29.

« Le républicain Philippe Egalité embrasse son frère le républicain Léodgard et le prie de faire passer cette lettre à son adresse. Il n'y a rien de nouveau à l'armée du Nord, et je t'aime de toute mon âme. César [1] te dit mille choses. »

(XLVIII, 232.)

A Léodgard Egalité, au jardin de la Révolution à Paris.

Mons, ce 10 nov. 1792, l'an Ier de la République.

« Je te prie, mon cher frère, de faire passer cette lettre, ou plutôt ce mot, à Mme de Sillery ; je me réjouis avec toi du gain de la mémorable bataille de Jemmappes ; j'ai quelques bêtises prises aux Autrichiens, j'envoie tout cela chez moi, j'ai déjà distribué quelque chose ici, je t'en donnerai aussi ta part et à mon père. Il n'y a pas beaucoup de choses, mais enfin cela vient des Autrichiens, cela fait plaisir. J'ai défendu à Bernières de laisser toucher à rien avant mon arrivée.

« Mille choses à tous ces messieurs. Je t'embrasse.

« P. Egalité. »

(XLVIII, 228.)

[1] César du Crest, neveu de Mme de Genlis.

L'année sombre vient de se lever. En dépit de tant de tristes avertissements, les princes la saluent gaiement. Ils sont trop jeunes pour que leur âme ne reste pas obstinément ouverte à l'espérance.

Le petit Léodgard, « en sa maison de la rue Saint-Honoré », reçoit de ses frères des lettres dont le ton de bonne humeur fait frissonner : ils devaient, cette année-là, voir leur aïeul mourir de douleur et leur père monter à l'échafaud!

A Léodgard Egalité, en sa maison de la rue Saint-Honoré, section de la Butte des Moulins, à Paris, France.

Au Palais Royal[1].

Tournay, ce 2 janv. 1793, l'an II de la République.

« Je te fais cette lettre, frère et ami, pour à cette fin que tu sois instruit et suffisamment informé que, ce jourd'hui, il est parti de la ville et faubourgs de Tournay-sur-Escaut, vers les trois heures de relevée, un paquet duement plié et ficelé et préalablement remis à la voiture dite diligence qui est dans l'usage de se mettre en

[1] Ecrit d'une autre main que l'adresse.

mouvement pour transporter en la ville et faubourgs de Paris-sur-Seine tous les hommes, femmes, chiens, doguins, chats angola, etc., qui sont dans l'intention de voir et admirer cet immense amas de pierres et de chair humaine, contenant deux gilets de coton rayé destinés, après avoir été taillés, coupés, cousus, rassemblés et doublés selon les us de cette vaste capitale de la République Françoise, à couvrir, cacher et préserver du froid et de l'humidité le ventre de ton corps ; je te souhaite, frère et ami, une bonne, heureuse et joyeuse année accompagnée d'autant d'autres qu'il te sera utile, agréable, commode, confortable, consolant et délicieux.

« Je t'embrasse sur toutes les oreilles.

« PHILIPPE EGALITÉ. »

(XLVIII, 245.)

Personne ne négligeait le charmant Léodgard. César du Crest, officier à l'armée du Nord et neveu de Mme de Genlis, veut, aux premiers jours de l'année 1793, affirmer au prince du sang, dont il n'est plus que le « concitoyen », une affection qu'on devine sincère :

Tournay, ce 3 janvier 1793, l'an II de la République.

« Il vaut mieux tard que jamais, dit le proverbe ; en conséquence, j'aime mieux mériter un reproche pour n'avoir pas écrit plus tôt au cher citoyen Léodgard, que de me laisser gronder pour ne lui avoir pas du tout écrit. Je ne sais si les lois républicaines excluront pour les premiers jours de l'an les compliments de bonne année ; en tout cas, comme en bon républicain qui aime les lois, je veux m'y soumettre d'avance, je ne me romprai pas la tête pour vous en faire un. Je me bornerai à vous parler le simple langage de mon cœur, celui, je crois, que vous préférez ; vous connoissez la tendre amitié que vous a vouée pour la vie l'ancien compagnon de votre enfance ; elle est puisée dans votre cœur; elle ne s'éteindra donc jamais... Pour dissiper maman [1] du départ de Mme Fitz-Gerald [2], votre frère [3] a imaginé un petit voyage dans lequel nous nous embarquons demain : nous allons à Ostende, Bruges, Gand, etc., etc. Cette partie ne sera pas trop agréable, car il fait un temps

[1] Mme de Genlis.

[2] Paméla, qui venait de se marier.

[3] Louis-Philippe.

abominable. Il neige et gèle surtout bien fort, ce qui fait qu'à l'exception des têtes, des bras et des jambes des courriers, nous arriverons peut-être à bon port. Bonjour et adieu en même temps, mon cher Léodgard ; je vous le répète encore : mon tendre attachement ne changera jamais ; je vous embrasse autant que je vous aime.

« Votre concitoyen,

« César Ducrest. »

(*Intermédiaire*, 30 juillet 94.)

VIII

Brûlant du désir d'aller rejoindre son frère aîné, le duc de Montpensier lui avait écrit en hâte, dès le mois d'août 1791, afin d'obtenir une sous-lieutenance à l'armée du Nord :

Ce 2 août 1791.

« Chartres, le mode de remplacement des officiers vient d'être décrété. Il faut que tu envoies sur-le-champ une seconde liste à M. de Chabriant, que tu mettes mes noms de baptême et de famille, le jour où je suis né, que je suis fils de citoyen actif, que je suis dans la garde nationale depuis le 20 juin. Il faut aussi que tu envoies une lettre semblable à celle-là à M. de Rochambeau sous le commandement duquel tu seras vraisemblablement. Je n'ai pas besoin de te dire qu'il faut que tout cela soit fait sur-le-champ et que, plus tôt ce sera fait, et plus tôt nous jouirons du bonheur de nous revoir.

« MONTPENSIER. »

(XLVIII, 258.)

Maintenant que son vœu le plus cher est exaucé, le duc de Montpensier raconte sa vie de soldat au petit Beaujolais qui, certes, devait sentir bouillonner en lui le désir de partager l'existence à la fois périlleuse et séduisante de ses deux aînés. Il apprendra donc que si Montpensier ne répugnait pas aux distractions qu'offrent les garnisons, il savait affronter sans peur le feu des batailles. Ces lettres sont à la fois gaies, simples et grandioses, selon que le jeune prince dise ses plaisirs ou son baptême du feu à Valmy :

De Valenciennes, ce 4 septembre 1791.

« Il y a huit jours, mon cher Beaujolois, que nous n'avons reçu de nouvelles de Belle-Chasse ni des tiennes. Je t'ai cependant écrit, je t'ai même demandé ce petit portefeuille d'Henri IV[1]. Il faut que nos lettres ou les vôtres aient été interceptées, cela nous inquiète...

« A. MONTPENSIER. »

(XLVIII, 64.)

De Valenciennes, ce 20 novembre [1791].

« Je te prie, mon cher Beaujolois... de m'envoyer mon galoubet que tu trouveras dans mon armoire, il est enveloppé dans un étui de peau... »

(XLVIII, 265.)

De Valenciennes, ce 20 janvier 1792.

« ...M. Biron est parti ce matin pour l'Angleterre. Il y va par ordre du ministre pour y acheter quatre mille chevaux. C'est l'évêque d'Autun, Talleyrand, qui est venu le chercher ; ce dernier y va pour une mission secrète. M. de Biron reviendra dans quinze jours. M. le maréchal de Rochambeau est parti mardi pour Paris, il doit y être depuis plusieurs jours, et je crois qu'il y restera trois semaines. M. Adrien de Laval et Mme de Vaudémont sont rentrés ce matin en France...

« A. PHILIPPE. »

(XLVIII, 272.)

[1] Le jeune jacobin tenait, cependant encore, aux reliques du grand roi dont il descendait.

De Valenciennes, ce 24 avril [1792].

« Eh bien, mon cher Beaujolois, nous voilà donc encore dans ce diable de Valenciennes; le maréchal nous a reçu comme des chiens, nous a dit que nous devions être à Laon et non pas ici; nous avons dit que c'étoit par ordre exprès du ministre. Il a répondu que si d'ici à demain il ne recevoit pas de lettres de M. de Grave qui lui parlasse de cela, il nous renverroit à Laon, mais M. de Biron nous a dit qu'en temporisant toujours, nous resterions... Nous avons trouvé ici M. de Beauharnois qui est adjudant général. Nous sommes ici comme l'oiseau sur la branche, mon frère entre le grade de colonel et celui de maréchal de camp, et moi entre la sous-lieutenance et l'*aide de campce*...

« A. PHILIPPE. »

« Salamalek Boudi. »

(XLVIII, 273.)

De Valenciennes, le 27 avril 1792.

« J'ai reçu hier ta lettre, mon cher Beaujolois; je viens de dîner chez M. de Biron avec Mlle Laurent et Juliette. La première est très grasse et parle très peu, la seconde, très petite et aime assez à parler. Il arrive ici des troupes de tous côtés, les housards d'Esterhasy, la Reine-Dragons, un bataillon d'Orléans, un bataillon de Beaujolois que j'aurois sans doute dû nommer le premier, MONSEIGNEUR, enfin toutes ces troupes sont arrivées ce matin, ainsi que deux bataillons de gardes nationales ; on les cantonne dans les villages voisins. Notre régiment arrive dimanche.

« L'arrivée de toutes ces troupes, joint aux chuchottages de ces messieurs de l'Etat-major, fait présumer qu'il y a un autre projet que celui d'un camp, mais le temps seul le découvrira. Enfin, dans ce moment-ci, Valenciennes n'est point ennuyeux, il s'en faut de beaucoup. Il est parti [1] hier deux officiers de Colonel-Général qui est en garnison ici, et que commande M. de Dampierre, et l'autre jour il en est parti deux de Royal-Suédois qui est aussi ici.

« Adieu, mon cher Beaujolois, remercie, je t'en prie, mille fois Mme de Buffon de son aimable souvenir.

« A. PHILIPPE. »

(XLVIII, 274.)

[1] En émigration.

Valenciennes, ce 2 mai 1792.

« J'ai entendu pour la première fois siffler les balles à mes oreilles, et je n'en suis pas fâché.

« J'ai passé trois jours et deux nuits sans me déshabiller, et presque toujours à cheval, aussi, quand je suis revenu, j'étois excédé de fatigue; mais ta lettre m'a fait un singulier effet, car tu ne me parlois que de plaisirs, de chasse, de pêche, etc., et je l'ai reçue un moment après avoir essuyé la grêle de balles, tu peux juger si le contraste étoit grand. On dit que le maréchal de camp qui étoit chargé d'entrer du côté de Dunkerque, a pris Furnes, c'est toujours quelque chose ; le fait est que, dans notre campagne, quoique nous nous soyons retirés, l'ennemi a perdu plus d'hommes que nous, mais il est encouragé.

« Enfin, ne désespérons de rien, réunissons-nous, punissons les lâches, et tout ira bien. Tu trouveras mon style un peu décousu, mais c'est que je me suis encore levé aujourd'hui à 4 heures du matin, et je suis tout endormi ; nous faisons vraiment là un métier de chien, mais quand la patrie est en danger, il n'y a rien qu'on ne fasse.

« Adieu, je t'embrasse de tout mon cœur,

montre tout de suite cette lettre à mon père, afin qu'il ait tous les jours de mes nouvelles.

« A. PHILIPPE. »

(XLVIII, 275.)

Valenciennes, ce 12 mai 1792.

« Je vas assez souvent à la comédie ici, c'est-à-dire j'y vas depuis huit jours, car je t'avoue que l'affaire de Mons m'avoit pénétré de douleur, et j'ai eu assez de peine à secouer ce chagrin pour reprendre ma gaîté ordinaire. Le spectacle est rempli de gardes nationales qui, à tout instant, demandent l'air *Ça ira*. Je me représente toujours ces gardes nationales fuyant devant une poignée de houlands, et cette idée m'afflige.

« Alors le *Ça ira* ne me fait plus ce même effet qu'autrefois, au contraire, il m'afflige, surtout quand je vois les moqueries presque justes des aristocrates. Enfin j'espère qu'avec Luckner, nous nous dédommagerons de tout cela et que nous pourrons alors jouer *Ça ira*.

« Mais pour en revenir à la comédie, elle n'est vraiment pas assez mauvaise pour ne pas faire plaisir. Moi, elle m'en fait assez. Il y a une actrice nommée Mlle Pinsard qui, quoiqu'elle n'ait pas de sourcils, n'est, sans plaisanterie, pas mal du tout. Elle est même très agréable ; elle est seulement un peu trop grosse ; elle a une taille énorme, mais elle a des dents charmantes qu'elle montre toujours.

« Je crois que voilà une assez longue description de Mlle Pinsard. Nous avons en outre une très bonne basse taille qui chante très bien dans *Rose et Colas*, l'air :

Sans chien et sans houlette,
J'aimerois mieux garder
Cent moutons près d'un blé,
Qu'une fillette, etc.

« ... Adieu, mon cher Beaujolois, je te prie de bien remercier Mme de Buffon de son souvenir...

« A. PHILIPPE. »
(XLVIII, 278.)

«... Je n'ai rien à te mander de ce pays-ci, sinon que, dimanche dernier, on a proclamé la Constitution et qu'elle a été reçue ici comme un chien dans un jeu de quilles. On n'a pas d'idée de cela. Pas un cri, pas un geste d'approbation. Mais j'ai été 4 heures le sabre à la main avec le régiment commandé par M. de Valabris, lieutenant-colonel, qui suivoit la municipalité qui a proclamé dans douze ou quinze endroits, soit la déclaration des droits, soit la Constitution. Et pendant tout ce temps, une pluie continuelle.

« Adieu mon cher Beaujolois, nous t'embrassons de toute notre âme.

« ANTOINE-PHILIPPE. »

(XLVIII, 279.)

Valenciennes, le 17 mai [1792].

« Je suis excédé de fatigue, mes pauvres fesses sont bien malades, le métier d'aide de camp est une rude chose. Ce matin, au moment où nous nous levions, on vint nous demander un cheval de la part de M. de Valence qui n'a pas encore les siens ici, et on nous annonça que messieurs les maréchaux de Luckner et de Rochambeau montoient à cheval et que les Autrichiens étoient entrés sur trois colonnes du côté de Maubeuge; aussitôt nous nous habillons, nous montons à cheval et nous courons rejoindre Luckner qui étoit déjà à Jalain, village à deux lieues d'ici. Rochambeau étoit resté en arrière avec la grosse armée. Nous apprenons, quelque temps après, que l'ennemi, au nombre de trois mille hommes, après avoir assiégé Bavais pendant une heure, y étoit entré et avoit pris un détachement de 80 hommes de Vintimille. Celui de housards s'étoit replié. Alors nous avançons avec les régiments d'Esterhasy-Housards, les chasseurs d'Alsace et du Hainaut, trois ou quatre compagnies de grenadiers et deux pièces de canon. J'oublie de vous dire que Bavais est un petit bourg à moitié chemin de Valenciennes à Maubeuge, très important à conserver en ce qu'il interrompt la communication de ces deux villes.

« Nous avançons toujours, espérant d'envelopper l'ennemi dans Bavais et de l'y prendre, ce qui étoit une bien bonne affaire, mais nous apprîmes bientôt après qu'il étoit sorti de Bavais avec notre détachement prisonnier et s'étoit replié dans le bois de Sarques qui est terre autrichienne. Alors nous revînmes, ne laissant dans Bavais que des patrouilles à cheval; mais on ne se fait pas d'idée de toutes les courses que M. de Noailles m'a fait faire, j'ai fait au moins six ou sept lieues de plus que les autres. Enfin, c'est une leçon qui nous coûte un peu cher que la perte de 80 hommes; on en a tué 6 à l'ennemi; mais les bourgeois se sont aussi défendus tant qu'ils ont pu, l'ennemi en a pris qui n'avoient même pas l'habit de garde national.

« Si nous restons toujours sur la défensive, il n'y a pas de raison pour qu'on ne nous joue de ces petits tours-là tous les jours, c'est pourquoi il faut attaquer, et plus tôt que plus tard.

« Adieu, mon cher Beaujolois, montre ma lettre à mon père, si toutefois il n'en étoit pas instruit.

« A. PHILIPPE. »

(XLVIII, 280.)

Devant les canons ennemis, le duc de Montpensier se révèle vrai petit-fils d'Henri IV, mais le jacobin adolescent, qui croit entrevoir l'aube de l'âge d'or, reparaît dans ces lignes écrites de Varennes à son frère. Telle est, sur le lieu sinistre où la fortune cruelle ressaisit Louis XVI et les siens au seuil du salut, l'impression que va recueillir Beaujolais, ce Beaujolais qu'on embrassait encore en « lui prenant le nez » :

De Varennes, ce 23 juillet [1792].

« Eh bien, mon cher Beaujolois, te voilà à Paris, et nous, nous sommes dans la fameuse ville de Varennes ; nous avons été à l'endroit où le roi a été arrêté et dans la maison où il a passé la nuit ; en voyant le local, on ne conçoit pas comment il a été arrêté, *c'est un miracle*. Tu imagines bien qu'on nous a conté jusqu'aux plus petits détails de son arrestation. Cette ville-ci est très petite, et la plupart des riches habitants ont fait déménager leurs meubles et effets par la frayeur qu'ils ont de l'arrivée de Bouillé et des Prussiens.

« M. Mierys te présente ses *respects*, à la manière de l'ancien régime. »

(XLVIII, 281.)

Montpensier ne peut se dispenser, non plus, de décrire en termes assez vifs la surprise qu'il a éprouvée en pénétrant pour la première fois dans une synagogue :

De Metz, ce 29 juillet.

« J'ai reçu aujourd'hui une lettre de toi qui n'est pas datée, qui a l'air d'être écrite par un habitant des petites maisons ou par un ivrogne, si bien que si je n'avois pas reconnu ton écriture, elle auroit été tout droit où tu sais bien.

« Tu sais maintenant que le roi a défendu expressément à Luckner de recevoir mon père à son armée, à moins qu'il ne lui donne un ordre signé de sa main, ce qui annonce vraisemblablement qu'il ne veut pas le donner.

« J'ai été ce matin à la synagogue ; j'avois mis mon chapeau à la main, et aussitôt un juif m'a dit de le mettre sur ma tête ; c'est la loi. Ils font des beuglements en se dandinant et chacun à leur (*sic*) manière, de sorte qu'on croit être au milieu d'une basse-cour. Ils sont extrêmement sales, ils ont de longues barbes, des manteaux noirs tout déguenillés et des petits chapeaux plats recouverts d'une serge noire...

« A. PHILIPPE. »

(XLVIII, 283.)

D'Hukange, ce 11 août [1792].

« Nous avons encore eu hier une alerte plus forte que celle d'avant-hier, car, aux cris que nous entendions faire à des dragons et paysans qui passèrent sous nos fenêtres, nous crûmes que nous n'aurions pas le temps de nous habiller et que l'ennemi alloit nous surprendre. Tout le camp eut la même alerte, et le fait est que ce n'étoit rien, sinon quelques dragons qui, ayant été chargés la veille par les Prussiens, en conservoient encore la peur, et qui, ayant entendu tirer quelques coups de fusil, s'étoient sauvés et étaient venus semer l'alarme.

« Adieu, mon cher Beaujolois. »

(XVIII, 288.)

De Boussange, ce 15 août [1792].

« J'ai reçu hier la lettre de mon cher Beaujolois qui m'a fait part de tous les grands événements qui se sont passés le 10 à Paris. Tous les papiers m'en ont d'ailleurs donné plus de détails, mais je m'en vais te donner quelques petites nouvelles d'ici.

« J'ai été hier au soir chez le maréchal[1] que j'ai trouvé très gai. Il nous a dit à tous et devant plusieurs officiers aristocrates qui étoient là : *Moi ché suis chacopin, ché feu tout ce que la Nation feu, et elle est maîtresse de chancher ses loix, che téclare que ch'obeirai touchours à la Nation.*

« Ainsi tu vois que ce n'est pas mal parler. Nos commissaires de l'Assemblée ne sont cependant pas encore arrivés.

« Adieu, mon cher Beaujolois, je t'embrasse de tout mon cœur.

« A. PHILIPPE. »

[1] Luckner.

« *P. S.* — Les membres du Directoire du département sont venus annoncer au maréchal qu'il se préparoit une insurrection à Metz. Ils ont paru d'un avis entièrement opposé à tout ce qu'on vient de faire à Paris, etc., etc. Ils avoient l'air déconcertés, mais dans un moment comme celui-ci, toutes les intrigues sont déjouées. J'apprends à l'instant qu'un de nos postes a été pris et que l'ennemi menace d'entrer par Sarguemines. »

(XLVIII, 286.)

La simplicité avec laquelle Montpensier raconte à Beaujolais la bataille de Valmy, donne à ce récit une grandeur singulière :

De Dampierre-sur-Aube, le 21 sept. à 9 h. 1/2 du matin [1792].

« Nous avons eu hier, mon cher Beaujolois, une bien vive canonnade. Elle a duré 14 heures, depuis 2 heures du matin jusqu'à 6 heures du soir. Tous les vieux militaires ont dit ne s'être jamais trouvés à une affaire si chaude ; nous étions aussi exposés que de simples soldats, les obus éclatoient autour de nous. Le général Kellerman a reçu un boulet qui a emporté un pan de son habit et qui a grièvement blessé son cheval, mais lui, Dieu merci, n'a rien ; nous étions environnés de cadavres, de blessés expirants, de mares de sang, jamais je n'ai vu de spectacle si horrible ; je crois que nous avons perdu, tant morts que grièvement blessés, environ 4 ou 500 hommes ; ce compte n'est nullement exagéré ; mais ce qui m'a touché jusqu'à l'âme, c'est de voir cette infanterie immobile, voyant leurs camarades tomber à tout instant au milieu d'eux et criant : *Vive la Nation, ça ira !*

« L'ennemi est toujours rangé en bataille sur les hauteurs d'où il nous a canonné, il est très en force ; nous avons changé de position et nous en avons pris une beaucoup meilleure ; j'espère que nous ne laisserons pas ces messieurs longtemps tranquilles. Je suis assez fatigué, mais je me porte très bien ainsi que mon frère...

« A. PHILIPPE. »

(XLVIII, 293.)

De Valenciennes, le 28 oct., l'an Ier de la République [1792].

« Je suis arrivé avant-hier au soir, mon cher Léodgard, en même temps que Dumourier... On m'a donné pour besogne à l'Etat-major de faire les logements et toute espèce de distribution, soit de pain, viande, eau-de-vie, fourrage, etc., cela est un peu fatigant et un peu ennuyeux, mais je me soumets à tout de bon cœur, et je promets que je ferai aussi bien ma besogne qu'un autre. D'ailleurs on m'a dit que, comme j'étois le plus jeune et que j'avois de bons chevaux, il étoit juste que j'aie le plus de corvées. De cette manière-là, comme je serai presque toujours séparé de Philippe, je suis obligé d'acheter un petit chariot avec un cheval pour le traîner; cela me portera mes affaires et un morceau à manger que m'accommodera Alexis. Je viens de dîner avec Auguste Le Brun; il a été témoin du plaisir qu'on m'a causé en me faisant sortir de table au milieu de mon dîner pour faire le logement et faire fournir les subsistances à un bataillon qui arrivoit. C'est Moreton, lieutenant général chef de notre état-major, qui m'a fait le plaisir de me donner cette partie-là, et aujourd'hui c'est lui qui m'a fait quitter mon dîner.

« Adieu, mon cher Léodgard, je t'embrasse de toute mon âme.

« A. Egalité. »

(XLVIII, 294.)

De Mons, le 7 novembre 1792.

« Nous voilà donc dans cette fameuse ville, mon cher Léodgard ; nous avons eu hier une bataille très chaude avec les Autrichiens qui étoient au nombre de 20.000 et dans une position superbe ; nous leur avons pris beaucoup de canons et d'hommes... Voilà un beau jour ! Nous avons été reçus ici avec transports, je suis entré le premier et au galop pour faire les logements. Il y avoit tant de monde sur mon chemin qu'à peine pouvois-je passer. Malgré la fatigue, le bivaque, etc., je me porte à merveille et t'embrasse de toute mon âme. Je vais dîner, car je meurs de faim.

« Ant. Egalité. »

(XLVIII, 296.)

De Tournay, le 26 déc. [1792].

« ... J'étois à Liège lorsque j'appris notre bannissement par les papiers publics. J'en fus d'autant plus confondu que mon père m'avoit dit avant mon départ que ce projet se discréditoit de jour en jour ; je partis aussitôt pour venir ici savoir le parti que prenoit mon père et mon frère, et ne voyant pour nous d'autre asile que l'Amérique ou les Grandes Indes, encore la longueur du voyage le rendoit fort peu sûr. Enfin j'appris, le soir de mon arrivée, qu'on nous évitoit la peine de faire un voyage qui me paraissoit si peu agréable...

« ANT. ÉGALITÉ. »

(XLVIII, 299.)

Camp de Tournai, 27 décembre 1792.

« ... Paméla[1] se marie demain à midi avec Edward Fitz-Gerald, et la noce se fera dans un château de l'évêque de Tournay, qu'on prête à Mme de Sillery, à trois lieues d'ici. Nous avons signé le contrat aujourd'hui.

« Hier, le général O'Moran, qui commande ici, nous a donné un dîner, un bal et un souper, le tout charmant et bien gai[2]. Il faut cela pour

[1] Paméla (1776 ?-1831), fille adoptive de Mme de Genlis, fut dénommée, dans son contrat de mariage avec lord Edward Fitz-Gerald, comme Anne-Stéphanie-Caroline Sims, fille de Guillaume de Brixey et de Marie Sims, de Terre-Neuve, âgée d'environ dix-neuf ans.

Cet état civil a été confirmé par des recherches faites ultérieurement à l'île de Fogo (Terre-Neuve). A la mort de son mari, elle alla rejoindre, à Hambourg, Henriette de Sercey qui avait épousé un négociant de cette ville nommé Mathiesson. Là, elle se remaria avec M. Pitcairn, consul d'Amérique, dont elle eut un enfant. Mais elle se sépara de son second mari, et, sous le nom de lady Fitz-Gerald, alla vivre à l'Abbaye-aux-Bois, puis à Montauban, près du duc de la Force. Elle s'était brouillée et réconciliée avec Mme de Genlis. (Cf. *Dictionary of National biography*, vol. XIX, notice signée J. G. A.).

[2] Trois semaines avant l'exécution de Louis XVI !

se distraire de la vie monotone qu'on mène ici...

« Mme de Valence est ici depuis avant-hier; Paméla part lundi prochain avec son mari pour l'Angleterre et, de là, en Irlande. Je ne sais ce que fera Mme de Sillery.

« Adieu, mon cher Léodgard, écris-moi souvent, tu sais comme j'aime tes lettres.

« ANT. EGALITÉ. »

(*Intermédiaire*, 30 juillet 94.)

A Léodgard Egalité, au Jardin de la Révolution, ci-devant Palais-Royal.

Tournay, 2 janvier 1793.

« Je te remercie de ta bonne année, mon cher Beaujolois ; je te la rends tout chaud... Lady Fitz-Gerald est partie lundi dernier avec son époux ; tu peux imaginer la douleur que cette séparation a causée à Mme de Sillery... Nous avons eu cependant ces jours-ci de très jolis petits bals, mais maintenant c'est passé, et l'affliction que cause le départ de Paméla ne permet plus qu'on goûte ces plaisirs bruyants.

« ANTOINE EGALITÉ. »

(*Intermédiaire, loc. cit.*)

De Tournay, le 7 janvier, l'an II [1793].

« Je reçois à l'instant une lettre de toi, petit gueux ; elle est d'une demi-page encore bien tiraillée, elle ne vaut, non seulement pas le port qu'elle coûte, mais la peine d'y répondre, et tu te plains encore de ce que je ne t'écris pas. Tandis que je ne te dois pas une lettre, que plongé dans Tournay jusqu'au col, je n'ai pas la moindre nouvelle à te mander, tu es à Paris à la source de tout ce qu'il y a de plus intéressant et tu m'écris quatre mots. *Conclusion : tu es un petit vaurien.* Maintenant, parlons d'autre chose. Je savois déjà la réforme de ce pauvre Buissard, et cela me fait une peine abominable. Ma sœur écrit aujourd'hui à mon père pour tâcher qu'on le place auprès d'elle. Si cela ne se peut pas, nous verrons à lui faire une pension à nous deux, cela vaudroit mieux que de le prendre pour frotteur, place à laquelle je ne le crois nullement propre. Au reste, de toute manière, nous ne laisserons pas ce pauvre homme sans pain, s'il avoit besoin de secours momentanés, je te prierois de les lui avancer pour moi, je te les rembourserai sur-le-champ.

« ANT. EGALITÉ. »

(XLVIII, 301.)

Ce 30 janvier, l'an III de la Liberté. [De Valenciennes.]

« Comment, M. l'Ondoyé [1], vous osez me reprocher de ne pas vous avoir envoyé de cravates, tandis que, le lendemain de mon arrivée, je vous en ai envoyé deux, toutes deux charmantes, l'une de soie, l'autre de mousseline ; l'une m'a coûté 7 l., et l'autre 4 l., selon que nous en étions convenus ; elles étoient empaquetées avec le galoubet...

« A. PHILIPPE. »

(XLVIII, 271.)

A Léodgard Egalité, chez son père, Joseph Egalité, député à la Convention Nationale, maison Egalité, rue Saint-Honoré, Paris.

De Lyon, le 7 mars 1793, l'an II de la République.

« Je serois arrivé ici il y a longtemps si mes chevaux avoient pu aller plus vite, mais comme ils n'ont pu arriver ici qu'hier et que je veux m'embarquer sur le Rhône avec eux, j'ai été à Clermont et je suis revenu ici hier. Comme la

[1] « On ne baptisait les enfants des princes du sang qu'à 10, 11 ou 12 ans. » (Mme de Genlis. — *De l'esprit, des étiquettes de l'ancienne Cour, et des usages du monde de ce temps.*)

pâte d'abricot d'Auvergne est fameuse, je n'ai pas voulu y passer sans en acheter ; je t'en envoie, par la diligence, cinq boîtes ; tu en prendras une pour toi, tu en enverras trois à ma sœur, Mme de Sillery et Mlle de Sercey ; tu en offriras une de ma part à Lady Fanny [1]. Lyon est tranquille ; je viens de voir le général d'Oraison qui commande ici et qui m'a même demandé si tu n'étois pas dans la Marine... »

(*Intermédiaire*, 30 juillet 94.)

De Marseille, le 15 mars [1793].

« Je suis arrivé ici hier matin, mon cher Léodgard. Cette ville est charmante et il y fait chaud comme au mois de juin à Paris. J'ai dîné hier avec le général Briroy qui part ce matin pour Nice ; de là, j'ai été faire le tour du port, je m'y suis promené en canot, j'ai été aussi chez les marchands, je viens d'envoyer à la diligence un grand paquet à l'adresse de mon père, qui contient d'abord deux pièces d'une petite étoffe des Indes pour Mme de Buffon, 6 aunes de cette même étoffe adressée à mon père, dont il y en a deux pour toi qui te suffiront pour 4 gilets, et puis 3 pièces de

[1] Paméla.

nanquin des Indes pour mon père ; c'est tout ce qu'il en restoit dans la boutique.

« ANTOINE[1]. »
(XLVIII, 303.)

IX

Simples, francs, directs, tels, par leur correspondance, nous apparaissent les fils de Philippe Egalité. La foi robuste de la jeunesse, leur sensibilité, leur tendresse naturelles n'ont point été étouffées par l'éducation dogmatique qu'ils avaient reçue. Mais celle à qui il appartenait de jouir de ces dons en a été frustrée ; loin d'elle, ils s'épanouissaient dans des régions où la fille du duc de Penthièvre ne prévoyait que des malheurs et des hontes.

Pour retenir, reprendre ces charmants enfants, qui donnent à une autre le nom de mère, elle heurte, déchire son cœur à une volonté implacable. En vain a-t-elle dit à son mari : « J'espérais que nous apprendrions ensemble à connaître nos enfants, à nous en faire aimer », les enfants

[1] Ces deux dernières lettres furent écrites en cours de route quand Montpensier quitta l'armée du Nord pour aller rejoindre, en qualité d'adjudant-général, l'armée d'Italie que commandait Biron.

ne la connaissaient pas, ils ne l'aiment pas... Il ne lui reste plus qu'à se tourner vers eux qui se détournent d'elle; il faut les conquérir. Conquérir ses enfants! Suprême et navrante entreprise dans laquelle Marie-Adélaïde, épouse modèle, va se montrer mère incomparable.

Quelle femme, au plus profond d'elle-même, ne sentira passer un frisson devant ces cris de douleur, ces appels, ce désespéré manège de séduction féminine qui, en ces circonstances, prend une grandeur sublime. Pour faire le siège de ces cœurs ravis, elle pleure comme une mère, sourit comme une amante, badine comme un enfant. Prodigieuse et touchante stratégie! Elle n'omet que les reproches, car elle ne fera pas les enfants juges de leur père.

Avec l'aîné, le duc de Chartres, presque un homme lorsqu'il quitte le Palais-Royal pour l'armée, elle se fait l'amie compréhensive et indulgente. Qu'il lui confie sans crainte ses premières émotions, les troubles qui l'assaillent dans cet âge indécis; sa délicatesse de femme, sa tendresse de mère trouveront les conseils, les encouragements pour maintenir l'adolescent, scrupuleux et religieux, mais de sang ardent, dans la voie que sa volonté lui a déjà tracée.

La vie sentimentale de Louis-Philippe à dix-huit ans, la chasteté qu'il observe et que nous révèlent ses lettres, feraient sans doute sourire bien des jeunes gens de cet âge. Mais c'est là, peut-être, le seul point où l'éducation de Mme de Genlis soit invulnérable. Au milieu du relâchement général des principes et des mœurs, elle sut garder ses élèves dans un état de pureté parfaite.

Il est intéressant de constater dans les lettres de Marie-Adélaïde le terrain gagné depuis le jour de la séparation dont son fils la rend responsable, jusqu'à celui où elle arrive bien près du but.

« Il n'y a pas de réponse à faire à votre lettre, mon enfant, aussi ai-je laissé partir votre courrier sans lui en donner une. Que vous dirai-je d'ailleurs ? Que je suis malheureuse, que je suis très souffrante, vous ne l'ignorez pas, mais vous vous y êtes montré bien indifférent, car mes enfants sont les seuls qui n'ont pas seulement envoyé savoir de mes nouvelles, les personnes que je connoissois le moins m'ont donné cette marque d'intérêt ; cette différence m'a été au cœur.

Je vous ai mandé à tous que j'étois dans un état affreux, pas un de vous ne m'a témoigné la moindre sensibilité à cet égard. Tous vos sentiments, toutes vos pensées avoient un autre objet que moi. Ah mes enfants, que j'ai besoin de me flatter que les heureux germes que vous aviez annoncé dans votre première enfance ne sont qu'étouffés, et qu'un jour l'amour et le devoir vous porteront à rendre à la meilleure des mères ce qu'elle auroit droit d'attendre de vous. »

(Ll, 33.)

Voici ce que le duc de Chartres, alors colonel de dragons, écrivait à sa mère et quelles étaient les réponses de celle-ci :

Paris, ce 3 avril 1792.

« Je n'ai pas répondu hier sur-le-champ à la lettre de ma chère maman dont j'ai été vivement touché, je partois dans ce moment pour le Raincy avec mon père ; ce qui a fait que j'attendois la réponse de maman, c'est que je connaissois la bonté qu'elle a ordinairement de nous répondre exactement ; cependant je comptois toujours lui écrire aujourd'hui, dans tous les cas ; ce dont je désirois parler à ma chère maman ne concerne que moi, et je puis, par conséquent, le confier à la poste ; ce qui faisoit que j'éprouvois de l'embarras à en parler, c'est que c'est une de ces choses sur lesquelles on ne peut s'expliquer nettement et clairement, mais puisque maman m'a permis de lui tout dire, je vais le faire ; depuis longtemps je désirois vous entretenir de mes mœurs, je souhaitois vivement que vous connussiez entièrement ma conduite ; elles sont, j'ose le dire, aussi pures sous tous les rapports qu'il est possible qu'elles le soient, elles sont intactes. On m'a d'ailleurs inspiré trop de principes de religion, ils sont trop bien gravés dans mon cœur, pour que je m'en écarte jamais. Je ne vous cacherai pas non plus que je n'ai pas pu réussir à me conserver pur sans combat, sans souffrances, ma santé même en est quelquefois altérée, mais n'importe. Je souffrirai patiemment toutes les peines que Dieu m'enverra jusqu'à ce qu'il me soit permis d'être heureux légitimement, et quelque grandes que soient les tentations qui m'entourent, maman peut être sûre que j'en triompherai, car j'aimerois mieux mourir que de manquer de mœurs et à ce que je dois à la religion.

« Je vous ai ouvert mon cœur, je ne vous ai

rien caché, j'espère que ma chère maman gardera tout ceci pour elle ; cependant, si mon grand-père avoit quelques doutes sur la pureté de mes mœurs, je serois trop fâché qu'il les conservât pour ne pas prier maman de vouloir bien les dissiper. Je vous demande pardon de tous ces détails, je n'y suis entré que parce que j'ai cru que vous seriez bien aise de les connoître.

« L. P. »
(XLVIII, 221.)

La mère répond aussitôt :

Ce 7 avril [1792].

« Non seulement, mon cher enfant, je vous ai permis de me tout dire, mais ainsi que je vous l'ai répété souvent, j'ai désiré et désire bien vivement votre entière confiance sur tous les points ; ah croyez-en le cœur de votre mère, partager vos peines, votre bonheur est pour elle le premier des besoins !

« Je sens comme je le dois le prix de la confidence que vous me faites, et vous aviez bien raison de croire qu'elle seroit pour moi le principe de réflexions bien satisfaisantes, car de vous voir attaché à vos principes de religion, à la pureté de vos mœurs, est une consolation bien grande pour moi ; mais, cher enfant, je suis bien tourmentée de ce que vous souffrez, et tout ce que je puis vous dire à cet égard, votre propre cœur vous l'a dit déjà : vous avez éprouvé combien la pratique de la vertu a de la douceur, car les sacrifices les plus pénibles dans le moment deviennent pour une âme honnête une source de bonheur bien véritable ; que le suffrage de votre mère, joint à tous ces motifs, vous affermisse dans vos résolutions, et évitez autant que possible toutes les occasions qui pourroient vous exposer à des combats dont votre santé souffriroit ; cette idée est bien cruelle pour moi, et je vous prie, cher enfant, de parler à M. Couad[1] en qui je sais que vous avez confiance ; on ne peut rien ajouter à la sobriété de votre régime, mais il me semble que beaucoup d'exercice vous seroit bon, enfin il pourra vous donner des conseils que je vous demande instamment de suivre ; je ne pourrois supporter des inquiétudes qui porteroient sur votre conservation.

« Nous soumettre aux peines que Dieu nous

[1] Médecin.

envoie, mon cher enfant, est un devoir qui porte avec lui sa récompense, j'ai tâché toute ma vie de le mettre en pratique, j'en ai eu souvent bien besoin, et je m'en suis toujours bien trouvée. Je vois avec joie que vous possédez cette vertu qui est bien nécessaire dans le courant de la vie.

« Puissiez-vous, mon cher enfant, n'être dans le cas d'en faire usage que le moins possible ! Voilà le vœu de votre tendre mère, de votre meilleure amie, qui pense à vous sans cesse et dont la vie entière sera consacrée à vous prouver toute sa tendresse; vous ne pourriez juger de toute son étendue, cher enfant, que lorsque vous connaîtrez parfaitement le cœur et le caractère de celle qui vous a donné le jour; cette époque sera celle qui nous assurera à l'un et à l'autre les satisfactions les plus douces et les plus propres à faire notre bonheur mutuel. »

(LI, 30.)

Dans ces épanchements d'une douceur si nouvelle, Marie-Adélaïde [ne se borne point à dire à son fils : « Voilà mes sentiments, voilà mon cœur »; dans un héroïque sacrifice, elle va jusqu'à lui laisser entendre que ses opinions ne sont pas telles qu'il les suppose, qu'elles ne sont pas intransigeantes au point de ne pas s'accorder par quelque côté avec celles de son fils :

« Je t'ai demandé ta confiance, cher enfant, tu me l'as promise, et de ton exactitude à remplir cet engagement dépendra mon bonheur. Tu peux, à ton tour, compter sur la mienne, elle sera entière, et j'espère trouver dans mon fils l'ami le plus sûr, le plus vrai, comme tu trouveras toujours dans ta mère l'amie la plus tendre et la plus occupée de tout ce qui pourra te rendre heureux... Jusqu'ici tu ne m'as connue que par ma tendresse, je veux que tu me connaisses par mon caractère, par mes opinions. J'aime avec *vivacité* et abandon. Je suis affligée et malheureuse quand je ne suis pas aimée de même, et la moindre réserve de la part des personnes que je chéris me blesse profondément. Une marque de confiance, au contraire, porte la joie dans mon cœur. Tu es jeune, mon cher ami, tu feras des étourderies, cela ne peut pas ne pas être, ce que je te demande, c'est d'en faire toujours l'aveu à ta mère qui sera ton meilleur avocat auprès de toi-même... Ce que je viens de te dire te prouvera que je tiens infiniment à mes amis et aux personnes qui m'ont toujours témoigné de l'attachement.

« Je suis charmée que tu aimes la Constitution qui s'établit, puisque c'est celle sous laquelle tu es destiné à vivre, les bases sur lesquelles elle s'établit sont bonnes et solides, et j'espère qu'elles feront le bonheur de la France. Tu vois qu'il n'y a de différence entre nous que celles que l'âge et des positions différentes doivent nécessairement apporter. Mes opinions sont moins vives, plus réfléchies. D'ailleurs, mon cher père est rendu malheureux par cette révolution ; il est privé du seul bonheur qu'il connût, de celui de faire du bien. Il se soumet à tout et donne l'exemple de l'obéissance aux nouvelles lois, mais je sais qu'il est tourmenté à l'excès, et je t'avoue que cela me donne souvent de l'humeur contre la révolution... Ce que je te prêcherai toujours, c'est la modération ; crois, comme je te le disois il y a quelque temps, que c'est le cachet d'un bon esprit... »

(LI, 16.)

Ce 31 août [1792].

« Je reçois une petite lettre de M. Pieyre, du 26, mon cher Chartres. Elle m'apprend que vous et votre frère se portent bien et me fait espérer que vous allez jouir d'un peu de repos.

Hélas, vous ne le connoissez guère depuis quelque temps, et je suis encore bien plus agitée que vous, mes chers enfants !

« C'est énorme ce que nous voyons passer de volontaires depuis quelque temps, ils sont pour la plupart extrêmement jeunes et il y en a beaucoup qui ne savent que le bas-breton...

« Avez-vous trouvé, mon cher enfant, à faire un établissement supportable ? Voici le moment où, plus que jamais, je serois au désespoir de vous savoir sous la tente. Adieu, mon cher Chartres, dites mille choses bien tendres de ma part à Montpensier et répétez-vous bien souvent l'un et l'autre qu'il est impossible d'être aimés plus tendrement que vous l'êtes de votre meilleure amie. »

(LI, 28.)

Ce 4 [septembre 1792].

« Je viens de recevoir trois lettres à la fois, cher enfant, mais la dernière est du 30 et les papiers publiés sont remplis de nouvelles qui me tournent le sang, et elles sont sans dates. Je suis dans un état impossible à exprimer, mon cher Chartres, mais vous connaissez ma tendresse pour vous, mes chers enfants, et vous vous en ferez une idée. J'ai peur d'être encore demain sans lettre. Mon Dieu, mon Dieu quel moment ! Votre pauvre sœur est dans une inquiétude, un tourment affreux, je lui ai écrit hier, et afin de lui faire parvenir ma lettre le plus promptement possible, je l'ai envoyée à Beaujolois. Dieu veuille qu'elle la reçoive, et que vos lettres surtout lui arrivent, car je sens combien elle doit être malheureuse si elle est privée de vos nouvelles.

Adieu, mon cher Chartres, je n'ai pas la force de vous en dire davantage.

« Je crains horriblement que Beaujolois ne se soit encore trouvé à Paris au moment de ce dernier mouvement.

« J'embrasse mes chers enfants bien plus tendrement que je ne puis l'exprimer. »

(LI, 29.)

Chacune des lettres de la duchesse d'Orléans à Beaujolais, son dernier-né, est un battement de son cœur. De cette source sacrée, il faut laisser couler l'eau pure sans qu'une parole étrangère ne la vienne altérer.

Marie-Adélaïde, chargeant un jour Chartres et Montpensier d'embrasser pour elle leur frère, doutait qu'ils le pussent faire assez tendrement : « Il faudrait pour cela donner mon cœur » disait-elle.

De même, pensons-nous que, pour oser un commentaire de telles lettres, il faudrait aller le prendre, ce cœur, à la hauteur inaccessible où l'ont placé son amour et sa douleur...

Beaujolais n'avait que deux ans quand il quitta le Palais-Royal pour être mis entre les mains de Mme de Genlis. Un matin de juin 1781, joli, de bonne humeur, volontaire et capricieux, l'enfant, à peine détaché de sa mère, entre à Bellechasse où va commencer son éducation. Il grandit sans que l'atmosphère d'école qui règne en ce lieu lui enlève sa fleur de spontanéité et de sensibilité ; l'instinct qui le porte vers sa mère est rebelle à toute influence. Beaujolais sera l'unique consolation de la duchesse. Elle répandra sur lui les trésors de son âme qu'elle met à l'unisson de celle de l'enfant :

« Ah ! ma tendresse pour toi est à côté de ma douleur, lui écrit-elle un jour, et ces deux sentiments si profonds ne finiront qu'avec ma vie... »

(LI, 67.)

Pour lui plaire, pour l'amuser, elle invente les plus touchantes puérilités.

Celui-là, du moins, les soins et les leçons de sa gouvernante peuvent orner son esprit, mais ils ne peuvent rien sur son cœur. Il restera toujours, pour sa mère, l'enfant aimant et bien-aimé.

La duchesse ne doute pas que la force de ces sentiments ne désarme le sort qui lui rendra un jour, en toute propriété, ce bien précieux : « Ah ! mon Beaujolais, lorsque le Ciel aura permis notre réunion, comme je te serrerai dans mes bras... ! »

Le Ciel ne la permit pas, cette réunion. Prisonnier à treize ans, ensuite proscrit, séparé de sa patrie par l'Océan, le dernier fils de Philippe Egalité ne rentra en Europe, en 1808, que pour mourir à Malte.

Marie-Adélaïde, lorsqu'elle écrivit les lettres qui suivent, ne devait jamais revoir son Beaujolais...

« ... Tu sais bien, cher enfant, que tu ne peux pas me faire plus de plaisir qu'en me disant toujours tout ce que tu penses, ta confiance m'est nécessaire, et tout ce qui annonceroit la plus légère réserve blesseroit ma vive tendresse pour toi ; de ma part, tu peux être sûr de la plus exacte vérité, et si malheureusement je ne peux pas t'ouvrir mon âme entière, comme mon Beaujolois le peut et le doit dans tous les moments de sa vie à sa tendre mère, tu peux du moins, mon cher enfant, être bien sûr que je ne te dirai jamais que ce qui sera bien vrai.

« *Ce n'est point Mme de Chatellux qui me retient loin de toi*, c'est hélas la nécessité la plus impérative.

« A vingt ans, cher enfant, la connoissance que tu as même dès à présent de ta mère ne t'auroit laissé aucun doute à cet égard, mais à ton âge on ne réfléchit guères, et si je te faisois un reproche, ce seroit d'avoir pu croire un moment que qui que ce fût l'emporta sur mon Beaujolois dans mon cœur. Ah sois sûr, cher enfant, que ce n'est pas une *faiblesse coupable* qui m'empêche de voler dans tes bras, c'est, je te le répète, une *bien cruelle nécessité*, il le faut bien, puisque depuis un an je suis séparée de toi, ce qui est (tu le sens toi-même, cher enfant), la plus dure et la plus forte épreuve à laquelle je pouvois être condamnée, c'est celle qui pèse le plus sur mon cœur qui est rempli de mes enfants, mais telle est ma destinée, et je suis réduite, pour ne pas mourir de désespoir, à chercher au moins à vivre d'espérances.

« Voilà, cher enfant, comme je t'ai promis, l'exacte vérité, et sois sûr que je te tiendrai dans toutes les occasions l'engagement que j'ai pris avec toi. Continue donc à m'écrire bien souvent, et avec cette franchise si aimable qui m'est si chère et si précieuse.

« J'embrasse mon Beaujolois plus tendrement que je ne puis l'exprimer, et je donnerois bien des années de ma vie pour que ce ne fût plus de loin.

« Je le répète, c'est une nécessité absolue qui m'a forcée de quitter pour un temps le lieu qu'il habite ; je serois morte si je n'avois pas eu recours à la tendresse de mon père. »

(LI, 47.)

« Ta petite lettre n'a pas le sens commun, mon cher petit Beaujolois, mais tu es excusable en quelque sorte parce que tu ne juges pas d'après ta propre expérience. Il m'a été sensible, cependant, de voir que tu ne me croyois pas; sois sûr que l'amour d'une mère pour ses enfants devance bien le moment où ils ont l'âge de raison, et la tienne t'a chéri avec la plus vive tendresse dès l'instant où tu as vu le jour, ainsi elle pourroit, avec raison, te dire qu'elle avoit aimé la première. Si tu avois eu la prétention de m'aimer plus que je t'aime, elle n'auroit pas été fondée, mais mon cœur en eût été attendri, sois sûr qu'il est bien à toi... »

(LI, 48.)

Ce 9 avril, matin.

« Tu es un petit coquin, mon Beaujolois, tu fais tout ce que tu peux pour me tourner la tête, et tu y réussis complètement. Tes lettres sont charmantes, et j'ai toujours le besoin d'y répondre sur-le-champ.

« La personne que *tu aimes de tout ton cœur* (qui t'aime bien de même) *et qui demeure à Anet chez son père*, attend avec impatience la boîte que tu lui destines, et son plaisir sera bien augmenté s'il y a dessus un petit portrait, enfin elle désire, dans cette occasion, être traitée comme *ta vache;* tu as bien fait de lui parler de moi, mon cher enfant, et en tout je te donne carte blanche, car tu ne te tromperas pas sur les personnes qui méritent des témoignages d'intérêt de ma part, et tu sais que le premier des droits qu'elles peuvent y avoir acquis est d'aimer mon Beaujolois... Quel beau temps, mon cher enfant, que je voudrois te tenir à Anet ! *Tu me manques toujours, à tous les instants, dans toutes les occasions, mes peines tu les adoucirois, mes satisfactions (si j'en avois), seroient doublées par ta présence*; mais il faut attendre ce bonheur du temps.

« Adieu, cher enfant, je t'embrasse plus tendrement que je puis l'exprimer, et je dirai comme toi, si j'en avois la prétention : *J'y perdrois bien mon temps, assurément.* »

(Ll, 57.)

« J'imagine, cher enfant, que tu recevras deux lettres à la fois, Montpensier et Chartres te l'auront dit et ils se seront acquittés de toutes mes commissions pour mon Beaujolois; je leur ai bien recommandé de l'embrasser pour moi le plus tendrement possible, mais ce ne pourra jamais être aussi tendrement que si c'étoit moi-même, car il faudroit pour cela donner mon cœur, celui d'une mère, et d'une mère aussi aimante que la tienne, ne ressemble à nul autre, quelque sensible qu'il soit; mais celui de mon Beaujolois y répond bien parfaitement, et ils s'entendent toujours de même, car le tien, si jeune encore, a déjà été éprouvé, et ma consolation la plus chère est de voir que l'absence, et une absence bien longue, n'a pu affaiblir les sentiments de mon Beaujolois pour moi.

« J'ai eu besoin de te remercier sur-le-champ de ta charmante lettre des 10 et 11, je vais nettement y répondre ; mes journées ne sont pas dérangées comme les tiennes, mais quoique l'heure de ta promenade soit difficile à mettre d'accord avec la vie que nous menons, je tâcherai de la prendre le plus souvent possible ; quand je déjeune, c'est sur les dix heures, dix heures et demie, mais nous ne dînons guères que vers deux heures, et nous soupons à dix. C'est l'après-midi que nous sortons, soit en voiture, soit à pied, et quand j'en ai la possibilité et la force, je tâche encore de faire une petite promenade, et ce qui m'y décide souvent, c'est la pensée que je remplis le désir de mon Beaujolois en faisant un exercice qui m'est recommandé par mon médecin, mais je ne cacherai pas que quoique j'aie beaucoup de confiance en lui, il a infiniment moins de crédit sur mon esprit que mon Beaujolois dont j'aimerois toujours avant tout à suivre les ordonnances.

« Mandés-moi à quelle heure tu peux faire les petits ouvrages que tu fais pour moi, et je là prendrai pour travailler pour mon Beaujolois. Tu me diras ce que tu veux que je te fasse.

« Je pourrai te broder un gilet moucheté dans le genre de celui que j'ai vu à Montpensier, ou telles autres choses qui te feroient plaisir...

« Je me suis réjouie du plaisir que tu avois eu au Rainsi (*sic*) ; je ne me faisois pas une idée qu'on pût y faire une pêche aussi considérable ; à la manière dont vous vous y êtes conduits tous les trois, vous auriez bien pu être trouvés dans les filets avec ces messieurs...

« Quand je pense qu'un trajet de quelques heures me réuniroit à mon Beaujolois, j'avoue que notre séparation m'est encore plus pénible, mais quand je me dis que si l'espace qui est entre nous étoit plus considérable, je ne recevrois pas de lettres écrites de la veille, je sens que mes maux seroient encore aggravés si Paris étoit plus loin d'Anet... »

(LI, 69.)

« Comment t'exprimerai-je, mon Beaujolois, ce que j'ai éprouvé à la lecture de ta petite lettre si touchante, si aimable ! J'ai fondu en larmes, et j'ai senti tout à la fois le bonheur d'avoir un enfant qui me chérit aussi tendrement, et le malheur affreux d'en être séparée depuis si longtemps. Ah! mon Beaujolois, lorsque le Ciel aura permis notre réunion, comme je te serrerai dans mes bras, contre mon cœur ! Sois bien sûr, cher enfant, qu'il n'y a pas de jour, d'instant, où je ne pense à toi, et où je ne sois cruellement affectée de notre séparation. Hélas! je les avois partagées avec mon Beaujolois, ces espérances que nous avons eues de nous revoir, de nous embrasser, elles ont été bien cruellement déçues, et je crois, cher enfant, que tu en as été bien affligé, mais j'en étois sûre, et quoique je donnasse tout au monde pour éviter à mon Beaujolois la plus légère peine, je ne pouvois pas, dans ces occasions, ne pas désirer que tu partageasses ma douleur.

« Tes frères sont allés se coucher, et je profite de ce moment pour écrire à mon Beaujolois, mais ce n'est point une réponse à cette lettre que j'ai déjà relue tant de fois et que je relirai tant de fois encore ; j'ai mille choses à te dire, et il me faut plus de temps pour cela que je n'en ai ce soir ; le plus pressé est de remercier mon

Beaujolois, mon enfant si tendrement chéri et de lui répéter que je l'aime bien plus que ma vie. »

(LI, 54.)

Ce 10 au matin [1792].

« ... Je ne veux pas, cher enfant, que tu me dises ton secret, quoique j'aie bien envie de le savoir, mais il doit me suffire de penser que mon Beaujolois s'occupe pour moi, et j'attendrai la surprise charmante qu'il me prépare. Il faut convenir, cependant, qu'il fait bien tout ce qu'il faut pour exciter ma curiosité, car il m'écrit sans cesse que cet ouvrage est très lassant à faire, mais qu'une fois fait, ce sera on ne peut plus solide, enfin tout ce qui peut égarer le plus mon imagination, et en même temps tout ce qui peut retenir le plus mon extrême curiosité.

« De tout cela, on peut conclure que mon petit Beaujolois est un petit espiègle bien aimable, mais il y a longtemps que je m'en suis aperçue.

« Ton petit dessin est vraiment fort joli et m'a paru bien fait.

« Je rechercherai ta lettre où tu me parles de l'arrangement de tes journées, tu sais que je n'en égare aucune et que j'ai une bien jolie petite cassette pour les serrer.

« Je t'envoie un billet pour une loterie, dont peut-être Montpensier t'aura parlé, il est très à même de te faire toutes les explications que tu pourrois désirer; elles te prouveront que cette maison offre tous les genres de ressources réunies et que nous pourrons même, si nous gagnons, établir une petite manufacture... »

(LI, 43.)

Ce 26 [1792].

« J'ai aujourd'hui une grosse voix qui te feroit rire, mon Beaujolois, mais quoique l'extinction soit diminuée, je suis toujours fort oppressée et j'ai de la peine à parler, en tout je suis bien misérable...

« Adieu, cher enfant, que j'aime *si tant*, je t'embrasse de toute mon âme. »

(LI, 56.)

Ce 29.

« ... J'imagine que tu auras été à la dernière illumination des Thuilleries (*sic*) et que tu y auras eu bien du plaisir, on dit qu'elle étoit superbe; je vois avec plaisir combien le roi est aimé; en effet, il le mérite bien, car assurément il a toujours voulu le bonheur de la France... »

(LI, 64.)

Ce 14 [1792].

« ... Je n'oublie pas que tu aimes le tabac et les querelles que je te faisois à ce sujet. Je consens, cependant, que tu en prennes, pourvu que ce ne soit que dans la boîte que je t'envoie et qu'elle contienne la provision du mois... »

(LI, 63.)

Ce 19 matin [1792].

« ... J'avois vu dans les papiers publics ce que tu me mandes[1]. Dis-moi, comme tu n'as point de nom de baptême[2], comment il faut que je t'adresse.

« Je suis comme toi, cher enfant, je ne puis expliquer rien de ce qui a rapport à la correspondance de ta sœur avec nous; mais je répète toujours la même chose : c'est que nous devons, l'un et l'autre, être sûrs de son cœur. Hélas, ma ressource, depuis longtemps, est de le redire sans cesse...

« Je voudrois t'envoyer un joli anneau des miens [cheveux], envoie-moi la mesure de ton troisième doigt afin que, successivement, il puisse

[1] Le décret abolissant les noms féodaux.

[2] Beaujolais n'avait été qu'ondoyé, comme on l'a vu plus haut.

passer aux autres, car je me flatte que mon Beaujolois ne le quittera pas. Si tu aimes mieux mes cheveux sur autre chose, mande-le moi. »

(LI, 68.)

Ce 9 juillet [1792].

« ... Vous avez peut-être entendu dire que le département et la municipalité, qui n'est pas plus spirituelle qu'il ne faut, avoit placé des gardes autour du château et, par conséquent, avoit mis mon père dans une espèce d'état d'arrestation, mais cela va cesser grâces à l'Assemblée dont nous ne saurions trop nous louer, qui a mandé aux municipaux que cette démarche *étoit inconsidérée*, et leur a ordonné de retirer les gardes... »

(LI, 34.)

Ce 11 matin [août 1792].

« Les nouvelles de Paris sont affreuses, mon cher enfant. Je n'ai pas une goutte de sang dans les veines. Ma seule espérance est que tu auras couché au Rainsi. Quand cela ne seroit pas, tu ne courerois, j'ai bien besoin de me le dire, aucun danger ; ton âge est ta sauvegarde, mais c'en seroit un véritable pour mon Beaujolois d'être témoin de toutes les horreurs dont on parle.

« Donne-moi de tes nouvelles. Je ne vis pas. Comme le courrier de la malle a eu toutes les peines possibles à sortir de Paris et qu'on n'y laisse entrer qui que ce soit, je n'envoie personne, mais suis dans des transes qu'il est impossible de rendre.

« Ecris-moi bien vite, ne fût-ce qu'une ligne ».

(LI, 73.)

Ce 12 matin [août 1792].

« Je te remercie, cher enfant, de ta longue lettre, je ne suis guère en état d'y répondre, mais je crois que je ne l'aurois pas pu du tout, si j'avois eu certitude que mon Beaujolois fût à Paris.

« Je frémis à la seule pensée de la rencontre que tu as été au moment de faire ! C'est le Ciel qui a inspiré ces deux hommes auxquels j'ai de si grandes obligations. Je voudrois les connoître ; hélas, sans eux tu serois tombé, sans t'en douter, sur ce rassemblement de piques ! Que ton cœur doit avoir été déchiré, cher enfant, du triste spectacle que tu as eu sous les yeux ! Le souvenir de ces têtes, de tout ce que tu as vu dans cette horrible journée, ne s'effacera pas de ton esprit ; mais je ne veux pas m'appesantir sur ce triste sujet et rendre les impressions que tu as reçues encore plus profondes. Tu juges comment j'ai passé les heures qui se sont écoulées depuis les premières nouvelles jusqu'à celles qui m'ont appris que le calme commençoit un peu à se rétablir. Puisse-t-il durer !

« Adieu, mon Beaujolois, mon cher enfant, je t'aime, je te chéris et je t'embrasse de toute mon âme.. »

(LI, 44.)

Ce 6 matin [1792].

« ... Mon Dieu, mon Beaujolois, que l'article de ta lettre qui a rapport à ce décret de bannissement me fait du mal ! Quelles cruelles suppositions ! Je sais bien où mon Beaujolois seroit toujours bien, c'est dans les bras de sa tendre mère ; mais, hélas, cher enfant, ce bonheur qu'elle achèteroit au prix de son sang lui est refusé ; le sort ne lui sera pas toujours aussi contraire, il faut l'espérer, sa tendresse obtiendra enfin la récompense qu'elle mérite, elle se verra entourée de ses enfants qui lui sont si chers, le bonheur adoucira bien des peines et ils en seront heureux eux-mêmes. Voilà, cher enfant, ce que j'ai besoin de me répéter sans cesse pour ne pas succomber aux tourments que j'éprouve ; une bonne conscience et l'espérance sont des appuis bien nécessaires, surtout dans le malheur.

« Adieu, cher enfant, je t'embrasse mille et mille fois, l'ami que j'ai auprès de mon Beaujolois (son cœur) lui dira combien c'est tendrement. »

(LI, 81.)

Ce 14 matin.

« Quand tu prévois, mon cher enfant, que je serai toujours sans recevoir de tes nouvelles, tu as bien soin d'adoucir cette privation ; cette attention touchante m'est sensible au delà de toute expression ; sois bien sûr, mon Beaujolois, que rien n'est perdu avec ta mère et qu'elle te compte bien dans son cœur jusqu'au plus petit mot qui porte l'empreinte de ta tendresse ; j'aime à additionner toutes les preuves que j'en ai reçu, je vois avec joie que cela fait une somme considérable à laquelle tu ajoutes encore chaque jour, mais que je ne suis nullement en peine de bien acquitter.

« Je viens de voir dans les papiers publics

un décret qui me tourmenteroit horriblement pour ta sœur s'il ne me paroissoit pas bien prouvé qu'il est impossible qu'elle y soit comprise, mais cela ne sera-t-il pas embarrassant pour M. Couad et cette pauvre Mme Topin, quoi qu'il soit et bien sûr et bien prouvé qu'ils ne sont partis bien absolument que pour l'aller chercher.

« Dis-moi, cher enfant, tout ce que tu penses et tout ce que tu sais à cet égard.

« Il y a longtemps, mon petit Beaujolois, que j'ai eu l'idée des ballons, et je n'ai jamais eu autant de regret qu'on n'ait pu réussir à les diriger.

« Adieu, cher enfant que j'aime *si tant.* »

(LI, 51.)

« Voici une lettre pour ta sœur, cher enfant, tu la lui remettras toi-même, si tu veux... Quoique je ne reçoive pas le plus faible témoignage du souvenir de cette pauvre petite, je n'ai pu résister au besoin de lui écrire, surtout depuis l'arrivée de ta lettre d'hier qui me donne une véritable inquiétude.

« Mon Dieu, il seroit bien affreux que la sévérité d'une loi portât sur notre pauvre petite qui est dans l'âge où on ne peut avoir de volonté ; j'espère, mon Beaujolois, que la décision nous sera favorable ; hélas, si cela pouvoit ne pas être, mon cœur en seroit déchiré pour toi, pour elle, pour moi, car enfin un temps viendra (et j'ai besoin de me flatter qu'il n'est pas si éloigné) où je pourrai serrer dans mes bras mes chers enfants. »

(LI, 71.)

Ce mardi [5 mars 1793].

« Ah quel malheur [1], mon Beaujolois, jamais, jamais je ne pourrai m'en consoler ni pour mes enfants, ni pour moi, mais on partage ma douleur et ta lettre a porté quelque adoucissement dans mon cœur déchiré. Ecris-moi sans cesse, mon Beaujolois, ah! si j'existe encore, c'est toi, c'est mes enfants qui me retiennent à la vie. Je t'embrasse cher, cher enfant. Aime et plains ta malheureuse mère.

« Tu auras de mes nouvelles souvent, bien souvent. »

(LI, 76.)

[1] Il s'agit de la mort du duc de Penthièvre.

Ce 19.

« Je ne puis assez remercier mon cher petit Beaujolois de ses tendres soins, ah! qu'il mérite bien toute ma tendresse!

« On m'a fait beaucoup promener, je n'en avois pas envie, mais M. Quidan m'a dit : *M. de Beaujolois m'a chargé de vous supplier de faire de l'exercice.* Cela m'a décidée sur-le-champ, et je ne veux pas que tu l'ignores.

« J'ai fait acheter à ta cantine une boîte de raisin de Malaga dans l'espérance qu'elle te feroit plaisir.

« Rien ne peut suspendre ma si juste douleur, mais la pensée de mes chers enfants, leur souvenir m'aident à la supporter.

« Adieu, mon Beaujolois, mon enfant si tendrement et si justement chéri. »

(LI, 59.)

A M. Alphonse Léodgard Egalité

Ce 5, matin.

« Tu entendras dire, si cher enfant, que je suis en arrestation.[1]

[1] Le jeudi 4 avril 1793, le Comité de sûreté générale ayant rendu un décret d'arrestation contre tous les membres de la

« N'aies aucune inquiétude et sois tranquille. Je t'embrasse de toute mon âme. »

(LI, 82.)

Ce 8 à 1 heure après midi.

« Ne sois pas inquiet, mon si cher enfant, et tâche de me donner des nouvelles de toi et de tout ce qui nous est cher.

« Je t'embrasse, mon si bien aimé et si chéri enfant. »

(LI, 83.)

X

« Madame la duchesse d'Orléans — a dit Mme de Genlis — était froide et ne savait pas l'orthographe. J'écrivais moi-même toutes ses lettres qu'elle copiait ensuite de son écriture. » On sait maintenant ce que cachait la « froideur » de Madame d'Orléans. Quant à la seconde imputation, on ne met pas en doute que l'indiscret secrétaire n'ait été, par occasion, employé à tourner quelque banale lettre, quelque indifférent billet dans un

famille d'Orléans, la duchesse fut provisoirement gardée à vue dans son château de Vernon. Au mois de septembre on la conduisit au Luxembourg transformé en prison.

style dont la correction n'était pas, d'ailleurs, toujours irréprochable.

La gouvernante écrivait avec une science acquise et soigneusement surveillée ; la fille du duc de Penthièvre laissait entendre sa pensée dans un insouci complet de la forme, commun à cette époque, et à laquelle suppléait, avec un rare bonheur souvent, les qualités de l'esprit et de la race.

Peu de temps après que, soit lassitude, crainte ou déception, le farouche dévouement de Mme de Genlis se fut lassé, une autre barrière s'éleva entre la mère et les enfants. Les deux derniers billets de Marie-Adélaïde, courts et déchirants, furent écrits au seuil d'une prison.

La princesse avait été mise en arrestation pendant qu'elle était plongée dans le chagrin que lui causait la mort de son père succombant sous le poids de tant de calamités.

Et cependant, à l'heure où l'abîme était creusé à jamais, moins de deux mois après l'exécution de Louis XVI, Madame d'Orléans reçoit cette dernière preuve de l'inconscience qu'elle a déjà observée en Philippe :

Paris, 6 mars 1793.

« Mon fils vient de m'apprendre que vous lui annoncez que j'ai perdu mon beau-père. Il ne tient pas à moi de vous donner toutes les consolations que vous pouvez désirer.

« Je vous offre toutes celles dont je puis disposer dans ce moment. Rapprochez-vous de nous. Il nous sera bien doux à mon fils et à moi d'adoucir vos peines, s'il est possible. Je crois vous connoître assez pour être sûr que vous ne vous seriez jamais éloignée de vos enfants et de moi si vous n'aviez suivi que les mouvements de votre cœur. N'écoutez que lui et cédez aux instances que je vous fais. »

(XLVIII, 48.)

La sécheresse protocolaire du billet que Philippe reçut en réponse ne put lui laisser aucune espérance de voir se reconstituer le foyer détruit :

7 mars 1793.

« J'ai reçu votre lettre. Je suis on ne peut plus touchée de la part que vous prenez à ma douleur. J'ai expédié, ce matin, un courrier pour charger M. Villot, qui étoit attaché à mon père, de vous annoncer la perte affreuse que je viens de faire et qui m'accable.

« L.-A.-M. DE BOURBON. »

(LI, 11.)

Eloigné de ses enfants, séparé à jamais de sa femme, abandonné de son parti auquel il vient de donner pourtant le plus terrifiant des gages, Philippe a réalisé la prédiction qui terminait la dernière lettre à lui adressée par l'infortunée princesse de Lamballe :

Ce jeudi 3 sept. [1791].

« Les circonstances, mon frère, relatives à vos affaires avec ma belle-sœur, ne me permettent pas de vous recevoir. Je suis fâchée que vous preniez la peine de venir à ma porte et qu'elle vous fût fermée, et j'ai cru devoir vous en prévenir. Vous avez rejeté mon conseil, malheureusement vous avez porté les choses au point que nous ne pouvons plus nous voir. Adieu, mon frère, je souhaite que vous puissiez être heureux après avoir fait le malheur de toute votre famille.

« M.-L.-P. DE SAVOYE. »

(XLVIII, 184.)

XI

S'il est difficile de déterminer la part directe de Mme de Genlis dans la vie politique du duc d'Orléans, on ne saurait plus méconnaître celle qu'elle prit dans sa vie domestique ; cette part s'aggrave de cela, qu'étant donné le caractère de Philippe, ces deux vies ne pouvaient, sans danger, être séparées.

Trop justement, la duchesse d'Orléans eût pu appliquer, à l'égard de son mari, ce mot de la gouvernante sur l'influence présumée de Mme de Chastellux : « Avant de la connaître, Madame d'Orléans adorait et chérissait tout ce qu'elle devait aimer, et maintenant... »

Maintenant, par la faute de Mme de Genlis, il n'existe plus de famille au Palais-Royal ; c'est alors que la Révolution y entre...

Se montra-t-elle, du moins, l'éducatrice modèle que croyait reconnaître Philippe ? Tous ses efforts, il faut l'avouer, tendirent vers ce but. Si là s'était borné son rôle sans qu'il usurpât sur celui de la mère, on peut avancer que les enfants de Philippe Egalité eussent été remarquablement élevés.

De leur gouvernante, ils auraient acquis ce qui convenait pour vivre pratiquement dans des temps nouveaux; de leur mère, ce qui est indispensable pour vivre noblement dans tous les temps.

Toutefois, discuter la qualité de l'éducation que dispensa Mme de Genlis est hors de notre sujet. Seul, le droit souverain qu'elle s'arrogea dans cette tâche est ici mis en cause.

En ce qui concerne les griefs de l'épouse, nous ne nous montrerons pas plus sévères que la duchesse d'Orléans elle-même : n'a-t-elle pas écrit à son mari : « Si Mme de Sillery avoit été honneste, elle m'auroit répondu qu'elle me rendoit mes enfants... tout auroit été dit, et j'aurois été à ses pieds... »

Quels qu'aient été les jugements sur ce point délicat, la vie sentimentale de Mme de Genlis, exempte, en somme, de scandale, n'eût relevé que de sa conscience; mais elle ne rendit pas à la duchesse d'Orléans ses enfants, et c'est en cela que Mme de Genlis ne fut pas « honneste ».

DEUXIÈME PARTIE

LE DUC D'ORLÉANS ET SES ENFANTS

DEUXIÈME PARTIE

LE DUC D'ORLÉANS ET SES ENFANTS

Caractère du duc d'Orléans. — Le règlement de vie du Palais-Royal. — Lettres du baron de Besenval au sujet des troubles au Palais-Royal en juin 1789. — Lettre du duc d'Orléans à un inconnu sur un incident maritime entre la France et l'Angleterre (1791). — Correspondance du prince avec le ministre de la Guerre Duportail pour demander à être employé dans son grade de lieutenant général (1791) ; avec ses fils aux armées (1791-1793) ; avec Manuel, relative au nom d'Égalité que lui avait imposé la Commune (1792). — Projet de discours (1792). — Lettres de Philippe à Milscent et à un inconnu sur son rôle dans la Franc-Maçonnerie (1793). — Conclusion.

I

Quelques lignes sans date, griffonnées et raturées par Louis-Philippe-Joseph d'Orléans, sur un chiffon de papier, pourraient servir d'épigraphe à l'histoire de sa vie :

« Je serai fort aise de voir tous les gens qui n'ont pas approuvé ma conduite reconnaître que je n'ai aucun des torts que l'on m'a supposé.

« Je n'en conserverai contre personne aucune rancune et je serai toujours reconnaissant quand on me traitera bien. Si c'est avec franchise, on peut compter sur la mienne dans toutes les occasions. »

(XLVIII, 112.)

On ne le traita pas bien, on le traita même fort mal, et ce prince, guidé par ses ressentiments, entra dans l'opposition.

« Quelques personnes dans la Société prévirent des troubles et des orages, dit Mme de Genlis dans ses *Mémoires*, mais en général la sécurité alla jusqu'à l'extravagance. On regardait une révolution comme une chose impossible. » Elle ajoute que le duc d'Orléans était de cet avis. Il alla même jusqu'à parier que les Etats-Généraux se sépareraient sans avoir seulement aboli les lettres de cachet [1].

La carrière politique de Philippe se divise donc en deux étapes : dans la première, le malheureux prince ne sait où il va ; dans la seconde, il entrevoit le danger, mais, lancé sur la pente, ne peut arrêter sa course à l'abîme.

[1] Mme de Genlis, *Mémoires*.

La Révolution dédaigna, tout autant que la Cour, cet homme brave et indifférent que l'on avait fait passer pour lâche et ambitieux.

Curieux mélange de qualités et de faiblesses, Louis-Philippe-Joseph d'Orléans paraît avoir été, plus qu'aucun prince, victime des unions consanguines : non seulement six sur huit de ses bisaïeuls étaient Bourbons, mais encore quatre d'entre eux, frères et sœurs. Issu en ligne directe de Monsieur, frère de Louis XIV, il descendait aussi, par les femmes, deux fois de ce roi et deux fois du grand Condé. Si les qualités guerrières d'Henri IV et du vainqueur de Rocroy se retrouvent dans leurs descendants, il n'en est pas de même pour toutes celles qu'ils possédèrent. L'hérédité croisée, ce fléau des familles royales, avait fixé, tant au moral qu'au physique, un type bourbonien dont Louis XVI et le duc d'Orléans, qui se ressemblaient comme des frères, paraissent avoir été l'expression achevée : même timidité, même incurable irrésolution devant les décisions viriles, même impassibilité devant la mort ; les différences individuelles ne modifient que très peu les traits généraux de la race, et les mêmes tares qui conduisirent Louis XVI au martyre firent, de Philippe, un bourreau.

Mais avant d'en arriver là, le duc d'Orléans fit, comme l'indique la note trouvée dans ses papiers, tous ses efforts pour rentrer en grâces près de ce roi dont une cour hostile l'écartait toujours [1]. Bertrand de Molleville, ministre de la Marine, raconte dans ses *Mémoires* la curieuse entrevue qu'il eut, à la fin de 1791, avec le prince nouvellement promu amiral de France :

« Le duc d'Orléans m'assura qu'il attachait le plus grand prix à la faveur que le roi lui accordait, parce qu'elle lui donnerait les moyens de faire connaître à Sa Majesté à quel point ses sentiments avaient été calomniés. Il me fit cette déclaration avec le ton de la franchise et de la loyauté, et il l'accompagna de protestations de loyauté faites avec la plus grande chaleur : « Je

[1] « M. de Goguelas, dit le marquis de Bouillé dans ses *Mémoires*, était un officier à la suite de l'armée, qui avait acquis de la célébrité en insultant le duc d'Orléans grièvement dans les appartements du roi au moment où ce prince avait sollicité une audience de Sa Majesté pour lui demander pardon, ce qui l'avait outré et lui avait fait, pour le moment, renoncer à cette démarche. On a cru, dans le temps, que ce procédé violent avait été suggéré à M. de Goguelas. Quoi qu'il en soit, l'intérêt de la reine était assez fort pour qu'elle m'ait recommandé de l'employer dans cette circonstance » (la fuite de Varennes).

« suis bien malheureux, dit-il, sans l'avoir mérité, « on m'a mis sur le corps mille atrocités dont je « suis absolument innocent; on m'en a supposé « coupable uniquement parce que j'ai dédaigné « de descendre à me justifier de crimes dont j'ai « la plus profonde horreur... Vous aurez bientôt « une occasion favorable de juger si ma conduite « dément en rien mes paroles. »

Le ministre propose alors à Philippe une audience avec le roi afin de lui renouveler de vive voix ces déclarations.

Le prince accepte avec transport et, dès le lendemain, il a avec le souverain un entretien d'une demi-heure.

« Je suis de votre opinion, dit ensuite Louis XVI à son ministre. Il revient à nous sincèrement et il fera tout ce qui dépendra de lui pour réparer le mal *fait en son nom*, et auquel il est possible qu'il n'ait pas eu autant de part que nous l'avons cru. »

Quelque temps après, le 1er janvier 1792, dernier jour de l'an de la royauté, le duc d'Orléans vint au Château : les courtisans, ignorant sans doute la réconciliation, abreuvèrent le prince d'outrages. Il dut se retirer sans voir le roi : on cracha même sur lui pendant qu'il descendait le grand escalier des Tuileries.

Philippe, dit-on, ne se retourna pas : il avait dit adieu à la Monarchie.

Et puis, c'était un dilettante, un *curieux*, comme on disait alors, un amateur d'émotions fortes qui avait, au dire du comte de Tilly, la rare faculté de se regarder vivre : « Il n'estimait rien des choses de ce monde, pas même la vie, qu'on l'a injustement accusé d'aimer trop... sa prison, le tribunal révolutionnaire, son interrogatoire, son passage dans les rues de Paris, l'échafaud, son supplice même, auront été pour lui un véritable spectacle. Il avait *vu* tomber beaucoup de têtes, et notamment la plus sacrée de toutes[1] ; il avait examiné le jeu de la guillotine comme une curiosité ; il aura encore rempli de même tous les préliminaires de sa propre destruction, et se sera, pour ainsi dire, regardé mourir. »

Il mourut bravement, en vrai Bourbon, préparé à l'expiation, victime de l'hérédité, du milieu et des circonstances.

[1] On a prétendu que Philippe d'Orléans avait assisté à l'exécution de Louis XVI.

II

Le règlement de vie qui va suivre débute par une phrase qui semble prouver que, quelques mois avant la prise de la Bastille, le duc d'Orléans ne songeait à jouer aucun rôle politique, mais entendait se consacrer tout entier à l'éducation de ses enfants. Parmi les personnes désignées dans ce règlement, Mmes de Polignac, de Blot et de Barbantane sont ainsi jugées par Mme de Genlis dans ses *Mémoires* :

« Mme la comtesse de Blot, dame d'honneur de la princesse, n'était plus de la première jeunesse, mais elle avait encore une figure très agréable et une grande élégance par sa jolie taille et sa manière de se mettre.

« La comtesse de Polignac, fille de la comtesse de Rumin, était, après moi, la plus jeune des dames de Madame la duchesse de Chartres. Elle était aimable et bonne...

« Il y avait aussi au Palais-Royal quelques dames qui avaient été attachées à la feue duchesse d'Orléans. Elles avaient conservé leurs logements, et elles venaient souvent dîner et souper chez la jeune princesse. L'une de ces dames était Mme la marquise de Barbantane... elle avait été gouvernante de Madame la duchesse de Bourbon, sœur de M. le duc de Chartres. La vieille marquise de Polignac, dont le visage ressemblait parfaitement à celui d'un singe, était vive, naturelle, spirituelle et piquante. »

RÈGLEMENT DE VIE POUR LE PALAIS-ROYAL

20 février 1789.

« Mon projet étant dorénavant de ne m'occuper que de ce qui peut être utile à mes enfans, et voulant que le nouveau genre de vie que j'ai à embrasser concourre à ce même objet, surtout par rapport à mon fils, je pense que je ne peux pas mieux faire que de fixer, depuis la Toussaint jusques à Pâques, un jour de la semaine, et je choisis le vendredi, pour prier à souper au Palais-Royal de 25 à 30 personnes, tant hommes que femmes.

« Tous les premiers de chaque mois, M. le chevalier de Pons me présentera une liste sur laquelle je choisirai les hommes et les femmes qui devront être priées, pour ce jour-là, dans le cours dudit mois. Par ce moyen on sera à portée de s'assurer d'avance de femmes qui pourront venir.

« Mmes de Polignac, de Blot et de Barbantane seront priées de faire les honneurs de chez moi, ce jour-là. Toutes les autres dames du Palais-Royal n'y pourront venir sans être priées.

« Je crois aussi qu'il est convenable que le mardi, jour de mon audience, le conseil soit levé à midi et demi afin de ne pas faire attendre trop longtemps les gens qui pourront y venir.

« Dans le nombre de ceux qui viendront, j'en prierai à dîner pour le vendredi, ou je les ferai prier par mes premiers officiers. Il n'y aura pas de femmes à ce dîner qui sera composé de gens très bons à connoître et à cultiver, et qui ne sont point dans l'habitude de vivre avec elles. On se mettra à table à une heure, afin que mon fils puisse s'y trouver. Cette table sera de 25 couverts.

« Quant à l'été, ne pouvant souffrir Paris dans cette saison, je le passerai à la campagne de droite ou de gauche ; et pour ne point perdre l'habitude des femmes, et qu'elles ne perdent point celle de venir chez moi, je m'arrangerai pour en prier de temps en temps, et y rester plus ou moins, suivant l'éloignement de Paris du lieu où je les inviterai de venir. Je prierai Mmes de Polignac, de Blot et de Barbantane de venir à ceux de ces voyages de campagne où je croirai qu'elles pourront s'amuser davantage. »

(XLVIII, 16.)

III

Les répétitions du drame révolutionnaire se jouèrent, en quelque sorte, au jardin du Palais-Royal, avec l'accord tacite, du moins le croyait-on, du duc d'Orléans qui passait pour être le metteur en scène.

Les deux lettres suivantes du baron de Besenval, lieutenant général des armées du roi et lieutenant-colonel des gardes suisses, semblent prouver, au contraire, que le prince était fort importuné par les mouvements populaires.

A Paris, le 27 juin 1789.

« Vous êtes trop instruit, Monseigneur, de ce qui se passe au Palais-Royal, pour n'être pas convaincu que la police, pour laquelle vous avez désiré six soldats du régiment des gardes suisses, leur devient impossible. Ils n'ont pu même s'opposer au torrent de gens auxquels l'entrée de vos jardins est interdite, qui les inondent sans cesse. Dans cette position, mon dessein étoit de vous demander la permission de les retirer. Ce qui s'y est passé hier et avant-hier m'a imposé la loi de le faire sur-le-champ, et je suis sûr que vous ne me désapprouverez pas. Comme les choses me paroissent plus tranquilles, et reprendre leurs cours ordinaire, je vous prie de me donner vos ordres, si vous voulez ravoir nos suisses. Je n'attends pas que vous me le mandiez, car je sais que Monseigneur n'aime pas à écrire, mais je vous supplie de me le faire mander et ils seront dans l'instant à leurs postes. Vous connoissez le désir que j'ai de vous plaire et de vous convaincre de mon ancien et bien respectueux attachement. »

LE B. DE BESENVAL.

(L, 19.)

A Paris, le 27 juin [1789].

« Du moment que j'ai su, Monseigneur, que vous vouliez qu'il y eût de la police dans le Palais-Royal et qu'on y désiroit notre détachement, sans attendre vos ordres, je l'ai renvoyé, parce que vous savez bien que je fais et ferai toujours ce qui peut vous être agréable, lorsque j'en aurai la possibilité. Monseigneur connaît mon respect et mon attachement. »

LE B. DE BESENVAL.

(L, 20.)

IV

Cette lettre à un inconnu est ingénieuse; le marin et l'anglomane qu'était Philippe s'y retrouvent tout entiers :

Ce dimanche, à 3 h. après midi [1791].

« Il est arrivé nouvelle à l'ambassadeur d'Angleterre, lequel en parlera ce soir à M. Dumourier, que la frégate angloise le *Phœnix*, croisant devant Mangolore, ville de l'Inde que les Anglois assiègent, ayant voulu empêcher 4 vaisseaux françois qui y portoient des munitions d'y entrer, une frégate françoise, qui étoit avec ces 4 vaisseaux françois, a voulu protéger l'entrée des vaisseaux. La frégate angloise a ouvert les sabords pour se préparer au combat, mais la frégate françoise lui a lâché sa bordée la première. L'angloise a riposté, a tué le capitaine françois et pris la frégate et les 4 vaisseaux. Si cette nouvelle est vraie, comme je le crois, il me paroît démontré que cette frégate, soit par idée de son capitaine, soit par ordre de quelque ancien ministre, a voulu nous compromettre exprès, et je crois bien intéressant que les patriotes ne se laissent pas emporter aux discours que l'on va faire pour les engager à demander raison d'une insulte faite à la nation françoise, etc., etc., et qu'au contraire ils disent très froidement : « Cela pourroit bien être un tour de ministre ou d'officier aristocrate ». Il faut approfondir et voir d'où cela vient avant de prendre un parti. L'honneur de la Nation ne sera point compromis, et si nos négociateurs savent tirer parti de cet événement, nous pourons en avoir plus promptement l'alliance que nous désirons avec l'Angleterre. J'ai causé de cela avec Sillery [1], des principes et des intentions duquel je suis parfaitement content à cet égard. Allez au club, où je vais quelquefois, et sachez ce que *Quersen* [2]

[1] Mari de Mme de Genlis, conventionnel, décapité en 1793.
[2] Kersaint, vice-amiral et conventionnel, décapité en 1793.

pense sur cela. J'ai vu le ministre de la Marine dont j'ai été très content. »

(XLVIII, 68.)

V

Pour l'intelligence de la correspondance échangée entre Philippe et le ministre de la Guerre, il convient de rappeler qu'après le décret de l'Assemblée renvoyant le duc d'Orléans de l'accusation portée contre lui au sujet des journées d'octobre, il avait demandé à servir sur mer. Econduit par la Marine, il s'adresse à la Guerre et, le 18 décembre 1790, le *Courrier français* publiait l'entrefilet suivant : « Le duc d'Orléans, jaloux de se rendre de plus en plus utile à sa patrie, alla dimanche dernier chez M. Duportail pour lui demander du service en qualité de lieutenant général. Il lui fit observer qu'il étoit plus ancien lieutenant général que MM. de Bouillé et Rochambeau, et que, cependant, il se feroit un devoir de servir sous leurs ordres dans le département qui lui seroit assigné. Il ajouta qu'il ne trouveroit pas mauvais non plus qu'ils obtinssent avant lui le bâton de maréchal de France, et que son seul objet, en demandant du service, étoit de se rendre utile à la chose publique. Le ministre a répondu qu'il en parleroit au roi. »

Mais Louis XVI refusa d'employer son cousin, alléguant, comme on le verra plus loin, que ses services pourraient être ultérieurement mieux utilisés sur mer.

Philippe d'Orléans à M. Duportail, ministre de la Guerre.

Paris, le 15 avril 1791.

« M. de Biron m'a dit hier, Monsieur, de votre part, que le Roi ne m'avoit point compris dans le nombre des officiers généraux qui seroient employés, malgré la proposition que vous lui en aviez faite d'après ma demande. Je vous prie, Monsieur, de bien vouloir me faire savoir si le Roi a donné quelques motifs de ce refus, car je vous renouvelle ici la déclaration que je vous ai faite précédemment, que je ne me connois aucun tort vis-à-vis de lui. Je sais bien que j'ai, aux yeux de beaucoup de ceux qui l'entourent, le tort d'être zélé partisan de la Constitution et de la Révolution, mais ce ne peut pas en être un aux yeux du Roi ni aux vôtres. Je vous prie de vouloir bien me donner le plus tôt qu'il vous sera possible les éclaircissements que je vous demande, et comme il m'importe qu'on sache qu'il n'a pas dépendu de moi de remplir les fonctions et les devoirs des grades militaires qui m'ont été accordés, je vous préviens que je compte faire connoître et cette lettre et votre réponse.

« J'ai l'honneur d'être, etc. »

(XLVIII, 170.)

M. Duportail à « M. Louis-Philippe d'Orléans ».

Paris, ce 22 avril 1791.

« Monsieur,

« J'aurois été fort empressé de satisfaire au désir que vous m'aviez témoigné de savoir les raisons que le Roi a eues pour ne point vous comprendre dans la nomination des officiers généraux employés, mais Sa Majesté ne me les a point communiquées, et mon respect pour elle ne me permet pas de hasarder à ce sujet des questions que vous avez, ce me semble, plus de droits de lui faire que moi. Ce que je puis seulement avoir l'honneur de vous assurer, Monsieur, c'est que l'attachement que vous marquez pour la Constitution, loin d'être un motif d'exclusion, eût été, au contraire, le titre le plus propre à déterminer le choix du Roi, et Sa Majesté cherche journellement à prouver qu'on ne peut en avoir de plus favorables auprès d'elle.

« J'ajouterai, Monsieur, que le Roi m'a paru observer qu'ayant servi sur mer activement pendant la guerre, il seroit possible que vous eussiez des raisons pour préférer d'être employé dans l'armée navale, quand le corps de la Marine seroit entièrement organisé, et qu'alors vous ne seriez peut-être pas fâché de vous être réservé la liberté du choix ; mais ceci n'est qu'une simple conjecture de ma part à laquelle ont donné lieu quelques mots échappés de la bouche de Sa Majesté, et je vous prie d'être persuadé, Monsieur, que je regrette infiniment de n'être pas en état de vous instruire d'une manière plus positive.

« Je suis, avec un profond respect, Monsieur, votre très humble et très obéissant serviteur.

« DUPORTAIL. »

(XLVIII, 171.)

M. Duportail à un inconnu (probablement Biron).

Paris, le 10 août 1791.

« Les personnes qui sont survenues, Monsieur, au moment où vous me faisiez part du désir qu'a M. d'Orléans d'être employé dans l'armée, m'ayant empêché de vous exprimer ma manière de voir sur cet objet dans les circonstances où nous sommes, je vais m'en expliquer avec vous de la manière la plus franche. Vous savez, Monsieur, qu'au moment de la première nomination des officiers généraux, M. d'Orléans fut compris dans la liste que je présentai, et que j'éprouvai de la part du Roi une résistance que je ne pus vaincre ; dans le moment où nous sommes et lorsque l'Assemblée Nationale a annoncé l'intention de présenter incessamment la Constitution à l'acceptation du Roi, vous penserez peut-être, Monsieur, et M. d'Orléans jugera lui-même, qu'il y auroit peu de convenance à saisir les courts instants qui nous séparent de l'exercice constitutionel de la royauté pour soustraire au Roi une décision qui, vu les liens du sang, semble lui appartenir plus particulièrement.

« Je ne puis vous dissimuler que j'aurois autant

d'éloignement à me décider dans cette circonstance sans consulter ses intentions, que vous m'avez vu, Monsieur, et que vous me trouverez encore des dispositions à les déterminer.

« Je vous renouvelle, Monsieur, l'assurance de mon sincère attachement.

« DUPORTAIL. »

(XLVIII, 173.)

Philippe d'Orléans à M. Duportail[1].

Paris, ce 12 août 1791.

« Depuis notre dernière conversation, Monsieur, j'ai vu la presque totalité des membres du Comité militaire ; je les ai consultés presque tous particulièrement et individuellement dans le comité assemblé ; aucun n'est opposé à ma demande, et ils ont persisté à juger utile et convenable que je sois employé dans mon grade de lieutenant général. En effet, tous ceux qui veulent le bien reconnoissent l'urgente nécessité de chercher et d'employer, de préférence, des officiers généraux dont les principes et le patriotisme soient connus. Ce titre, fait pour déterminer votre choix, ne peut m'être contesté, et les circonstances mêmes me

[1] L'écriture de la minute n'est pas de Philippe.

font un devoir de renouveler auprès de vous une demande à laquelle vous n'avez opposé aucune objection réelle, puisqu'elles ne portent que sur des inquiétudes que je ne partage pas et dont j'ai le droit d'exiger le développement, ou sur des préventions injustes dont tout citoyen peut réclamer l'explication la plus authentique, lorsqu'on les oppose à ses demandes.

« Je ne puis penser qu'un ministre patriote regarde mon attachement à la Révolution comme une raison de m'éloigner du service, et soit embarrassé de répéter à l'armée et de lui prouver par son choix qu'elle ne doit plus être que citoyenne. Je ne puis prétendre à aucune préférence comme parent du Roi, mais je ne puis, non plus, renoncer, comme tel, aux droits que tous les citoyens ont à la justice. C'est vous, Monsieur, qui, dans ce moment, choisissez seul les officiers généraux. Je persiste à vous demander d'être employé comme tel. J'attends votre réponse avec impatience ; si vous me refusez, le public prononcera entre vous et moi, et jugera si j'ai rempli mes devoirs de citoyen, et si vous n'avez pas manqué à ceux d'un ministre ami de la Révolution et de la Liberté.

« J'ai l'honneur d'être, Monsieur, votre très humble et très obéissant serviteur. »

(XLVIII, 174.)

M. Duportail à Philippe d'Orléans.

Paris, le 19 août 1791.

Monsieur,

« J'ai reçu la lettre dont vous m'avez honoré le 12 de ce mois ; après l'avoir lue avec toute l'attention que je devais y donner, je ne vois pas qu'il me soit possible de rien changer à ce que j'ai déjà eu l'honneur de vous dire ; vous connaissez, Monsieur, quelles ont toujours été et quelles sont encore mes dispositions particulières sur ce qui vous concerne; mais quel que soit mon désir de faire ce qui peut vous être agréable, je persiste à croire qu'il ne me conviendroit pas, d'après votre position vis-à-vis du Roi, de vous employer sans son aveu, et de profiter du peu de temps que Sa Majesté restera encore éloignée des détails de l'administration pour faire un choix auquel elle s'est déjà refusée. Tout ce dont je puis, Monsieur, avoir l'honneur de vous assurer, c'est que, dès que cela sera possible, je ne négligerai rien pour seconder vos vues, et que même, à cet effet, j'aurai soin de laisser vacquer une place de lieutenant général employé.

« Je suis avec respect, Monsieur, votre très humble et très obéissant serviteur.

« DUPORTAIL. »

(XLVIII, 175.)

Philippe d'Orléans à M. Duportail[1].

Paris, ce 17 août 1791.

« Il y a, Monsieur, dans votre lettre du 13 de ce mois, une expression qui m'oblige de revenir à la charge. D'abord, je ne sais, ni ne puis concevoir, ce que vous entendez par *ma position vis-à-vis du Roi*, et je vous prie de vouloir bien me l'expliquer. Ensuite, vous paraissez n'être arrêté dans vos dispositions à m'employer comme officier général, que par l'idée qu'un parent du Roi ne peut rien être sans l'aveu exprès du Roi; mais cette difficulté est levée par le décret qui, le lendemain même de votre lettre, a déclaré que les parents du Roi ne sont soumis qu'aux règles communes à tous les citoyens. Placé par ce décret dans la classe de toutes les personnes susceptibles

[1] La minute n'est pas de l'écriture du prince.

de votre nomination, il seroit bien étrange que j'en fusse exclus par une exception que vous opposeriez vous-même à la loi. Les circonstances actuelles sont bien différentes de celles du tems où vous dites que j'ai éprouvé de la part du Roi le refus que vous m'opposez maintenant. La Constitution va être présentée au Roi, et de deux choses l'une : ou le Roi l'acceptera, ou il la refusera. S'il l'accepte, comme je l'espère avec tous les bons citoyens, il ne pourra que vous savoir bon gré d'avoir mis en activité de service un officier dont le zèle pour la maintenir et la défendre ne pourra lui être suspect en rien ; si il étoit assez mal conseillé pour la refuser, seroit-il de votre devoir et de votre honneur de seconder les vues de ceux qui l'auroient égaré? Je vous prie, Monsieur, de peser ces considérations, et je vous réitère mes instances pour être employé.

« J'ai l'honneur d'être, Monsieur, votre très humble et très obéissant serviteur. »

(XLVIII, 176.)

M. Duportail à Philippe d'Orléans.

Paris, le 17 août 1791.

« Monsieur,

« Les expressions de la lettre que j'ai eu l'honneur de vous écrire le 13 de ce mois dont vous me faites celui de me demander l'explication, me semblent clairement développées par ma lettre elle-même. J'entends, Monsieur, par ces mots : *Votre position vis-à-vis du Roi*, la parenté qui vous lie à sa personne ; c'est d'après cette considération qu'il me paroit à désirer que vous ne soyez placé que de l'aveu de Sa Majesté, et plus le moment approche où elle va reprendre les détails de l'administration, moins il seroit convenable que vous fussiez employé sans sa participation.

« Je suis avec respect, Monsieur, votre très humble et très obéissant serviteur.

« DUPORTAIL. »

(XLVIII, 177.)

Quelques mois après cette polémique aigre-douce, Philippe d'Orléans fut, en même temps que MM. d'Estaing et du Chaffault, promu amiral.

On sait comment cette dignité, qui le combla de

joie, car elle semblait réparer les injures d'Ouessant, faillit le réconcilier avec le roi, mais la conduite inqualifiable des courtisans le rejeta pour toujours dans l'opposition.

Le 20 avril 1792, la guerre ayant été déclarée à l'Autriche, Philippe demanda, sans délai, à être employé dans son grade d'amiral. Lacoste, ministre de la Marine, lui répondit par une sorte de refus enveloppé de ces formules courtoises dont le secret n'était pas encore perdu. Nouvelles instances du prince, auquel Louis XVI, impatienté, fait dire : Qu'il aille où il voudra ! »

Philippe va à l'armée du Nord.

Il rejoint ainsi ses fils; là, dans la division commandée par M. de Biron, son meilleur ami, et sous l'uniforme de simple garde-marine qu'il avait porté dans sa jeunesse, l'amiral de France Louis-Philippe-Joseph d'Orléans se fait admettre comme volontaire dans le régiment de Flandre.

Le geste, il faut l'avouer, n'était pas sans grandeur et l'on ne peut, à ce moment, se défendre d'un sentiment de sympathie pour ce prince du sang qui, revêtu des plus hauts grades, mais repoussé de partout, est obligé, pour se battre, d'entrer dans le rang.

Il n'y demeura, d'ailleurs, pas longtemps; l'Assemblée Nationale ayant déclaré la patrie en danger et ordonné à tous les fonctionnaires civils et militaires de rejoindre leurs postes, Philippe saisit l'occasion pour demander de nouveau un emploi de son grade. Sa lettre au ministre de la Marine est datée de Valenciennes, 14 juillet an IV de la Liberté (1792); devançant la réponse, le prince se rend à Paris où l'attend une nouvelle déconvenue : non seulement le roi ne l'emploie pas, mais encore il l'empêche, insidieusement, de retourner à l'armée du Nord[1]. Une requête à l'Assemblée Nationale demeure sans effet.

Quelques jours après, c'est le 10 août : Philippe applaudit à l'écroulement de la Monarchie.

VI

La correspondance échangée entre le prince et ses fils offre cet intérêt particulier qu'elle permet de le suivre, pour ainsi dire, pas à pas sur le chemin de la Révolution. Au début, il est encore, comme tout le monde, d'ailleurs, royaliste, mais

[1] Voir, à ce sujet, la lettre du 27 juillet de son fils Louis-Philippe.

royaliste constitutionnel. Il approuve la conduite de Louis XVI, son optimisme éclate dans ses lettres à son fils aîné : Le discours du roi était « parfaitement bien fait... Il s'en est allé aux applaudissements de toute la salle. » (20 septembre 1791).

Au duc de Chartres.

Paris, ce 27 juin 1791.

« Tu n'auras pas une longue lettre de moi aujourd'hui mon enfant, mais elle sera bonne, car je te dirai : 1º que je suis enchanté de toi et de ta conduite[1]; que j'en reçois des compliments de tout le monde ; 2º que ton régiment va sortir de Vendôme pour aller sur les frontières, à Sedan, je crois, mais je n'en suis pas bien sûr ; 3º que tu recevras incessamment les 100 louis ou écus que vous m'avez demandés ; 4º que tout se passe ici fort bien et est parfaitement tranquille[2], et que je t'embrasse de tout mon cœur. »

(XLVIII, 63.)

[1] Il avait sauvé la vie à deux hommes que la populace voulait pendre.

[2] 22 juin, arrestation du roi à Varennes.

Paris, ce 2 juillet [1791].

« ... Je vais à l'Assemblée pour procéder à la nomination du gouverneur de M. le Dauphin...»

(XLVIII, 64.)

Paris, ce 12 sept. 1791.

« ... Nous ne sommes pas persuadés ici que les puissances étrangères veuillent se mêler de nos affaires, au contraire, et nous croyons que les inquiétudes que l'on cherche à semer dans ce genre sont l'ouvrage de gens qui jouent sur la place à ce que l'on appelle la baisse. »

(XLVIII, 65.)

Paris, ce 18 sept. 1791.

«... Bonjour, je vous aime et vous embrasse tous les deux de toute mon âme. Tout va à merveille ici. Les fonds haussent un peu et on proclame aujourd'hui partout l'acceptation du roi. Il y aura beaucoup de danses et d'illuminations, des canons, des tambours, point de cérémonies d'Eglise. L'Assemblée ne va point à cette proclamation, ni le roi. Il n'y a que la municipalité. »

(XLVIII, 66.)

Si Philippe n'est plus duc d'Orléans, il est

encore, aux termes de la Constitution : *prince français* ; mais lui et les siens n'ont plus que des prénoms, ce qui explique l'embarras de ses fils pour adresser leurs lettres :

Paris, ce 20 sept. 1791.

« Je vous écris des Jacobins et de ma place de secrétaire... Le roi est venu, ce matin, faire la clôture de l'Assemblée. Il y a fait un discours parfaitement bien fait. Le président, qui étoit Thouret, lui en a répondu un parfait, et le roi s'en est allé aux applaudissements de toute la salle. Il a annoncé qu'il venoit de signifier à toutes les puissances étrangères son acceptation à la Constitution. Après son départ, on a lu le procès-verbal de la séance d'aujourd'hui, et quand cela a été fait, le président a dit : « L'Assemblée Nationale a terminé ses séances » et nous sommes tous sortis. Voilà toutes les nouvelles que j'ai à vous mander. Quant au nom de votre frère et de votre sœur dont vous me paraissez inquiet, je crois qu'il faut que vous écriviez à votre mère : *A Madame, Madame Louis-Philippe-Joseph*, et rien autre chose, et à votre sœur : *A Mademoiselle, Mademoiselle Adèle*. Mais comme il seroit possible que l'on ne les connût pas sous ces dénominations à la poste, vous pouvez, pour quelque temps encore, comme vous leur écriviez auparavant.

« Adieu, encore une fois, je vous embrasse tous les deux de tout mon cœur.

« LOUIS-PHILIPPE-JOSEPH. »

(XLVIII, 69.)

Paris, ce 1er février 1792.

« ... Le tribunal de famille composé des maréchaux de Noailles et de Mouchy, de M. de Nivernois et M. de La Rochefoucault, s'assemble lundi chez le maréchal de Noailles. Je compte m'y rendre en personne et exiger que votre mère en fasse autant, parce que c'est l'intention de la loi. Je ne sais ce qui en arrivera, si elle viendra ou ne viendra pas, mais, dans tous les cas, je serai bien aise que vous soyez ici, ainsi voyez si vous avez un congé, et soyez sûrs que je vous aime et vous aimerai toute ma vie de toute mon âme, que je n'abandonnerai pas vos intérêts. Adieu, je vous embrasse tous les deux. »

(XLVIII, 72.)

Paris, ce 3 mai 1792.

« J'ai reçu de vos nouvelles, mes chers amis,

qui m'ont fait grand plaisir, j'attends avec impatience les détails que vous me promettez. Je suis toujours décidé, ainsi que je vous l'ai écrit et que je vous l'avois dit depuis longtemps, à aller vous voir. Je ne suis retenu que par le passe-port que je veux avoir du ministre de la Marine ou d'un autre qui constate bien clairement que je ne vais point ailleurs qu'à l'armée de Rochambeau et que j'en ai l'agrément de ces messieurs. Ils disent que l'on va faire camper pour quelque temps toutes les troupes, mais je ne sais où. Mon désir seroit, quand vous le saurez, que vous me cherchiez une petite maison à portée de ce camp, ainsi que je vous l'avois dit avant. J'irai y passer le temps près de vous et de mon ami Biron très agréablement, jusques à ce que l'on m'emploie, et je marcherai avec vous comme amateur si vous remarchez à l'ennemi, comme je l'espère. J'ai toujours été décidé à cela, comme vous savez, et je ne l'aurois pas été que je m'y deciderois à présent sans aucun doute, car il n'est pas possible de rester ici et de soutenir la joie des aristocrates et les lamentations des faux patriotes. Je fais partir samedi par la diligence pour Valenciennes mon cuisinier avec du linge et une partie de mes effets...

« Dumourier, le ministre des Affaires étrangères, approuve fort ma résolution et dit que, moi parti, il trouvera sûrement moyen de me faire employer agréablement. Nous verrons si il dit vrai ou non. Montrez ma lettre à Biron et demandez-lui conseil sur ce que j'ai à faire en arrivant là-bas, car je suis bien décidé à ne pas rester ici, et je ne vois pas où je pourrois aller ailleurs. Bonjour, mes chers amis. Je n'aurai avec moi ni La Clos[1] ni autre secrétaire. M. Le Brun, que je mène avec Beaujolois, me servira de secrétaire, si j'en ai besoin. Je mène aussi M. Couade, chirurgien. Je vous embrasse tous les deux de toute mon âme. »

(XLVIII, 82.)

Paris, ce 4 mai 1792.

« Vous aurez reçu avant cette lettre le paquet dont j'ai chargé pour vous le courrier de M. de Biron. Vous aurez jugé par son contenu qu'il m'étoit impossible de rester à Paris d'après toutes les démarches que j'avois obtenues. Ainsi prenez votre parti pour me conseiller, Biron et vous, si

[1] L'auteur des *Liaisons dangereuses*.

vous persistez à ne pas croire que je doive arriver. Quand la tête tourneroit au maréchal [1], il n'y auroit pas grand'perte, je crois, mais pensez que je ne puis ni ne veux rester à Paris, et qu'au surplus, je n'ai rien fait dans tout cela que sur les conseils de Dumourier que j'ai par écrit, et qui m'a dit et fait dire en outre que, moi parti de cette manière, il se feroit fort de me faire employer d'une manière très agréable. Je doute que l'on en trouve une qui me le soit, car je ne me soucie pas d'être employé, mais je veux qu'il soit bien prouvé que ce n'est *ni par paresse, ni par insouciance, ni par peur*. Toutes ces choses prouvées, je me tiendrai parfaitement tranquille avec grand plaisir, surtout si l'on peut voyager de temps en temps.

« Adieu, mon cher enfant, je t'aime de tout mon cœur, montre ma lettre à Biron. »

(XLVIII, 83.)

Paris, ce 5 mai 1792.

« ... La démission du maréchal de Rochambeau ayant été acceptée hier dans le conseil et annoncée à l'Assemblée, j'ai conclu qu'il y auroit

[1] Rochambeau.

une grande fermentation à Valenciennes et que l'on diroit que je n'étois parti que pour aller l'augmenter et me faire nommer général par l'armée elle-même. Vous voyez que je me rends à la raison. Je n'abandonne pas pour cela mon projet, je l'exécuterai quand il y aura un autre général. Si, par exemple, c'est Lukner, comme l'annonce Dumourier à l'Assemblée, je doute fort cependant qu'il voulût quitter son commandement pour celui-là, car selon moi il feroit une grande sottise. Il me semble même que cela est fait exprès pour mettre tout en désordre... Il est fort aimé de son armée, et s'il la quitte, son successeur sera mal reçu, il ne réussira peut-être pas à la vôtre, ainsi voilà pourquoi on le nomme. Tout cela n'est pas fait pour ramener la confiance et l'union si désirables. »

(XLVIII, 84.)

Paris, 10 mai 1792.

« J'ai reçu hier 3 lettres de vous à la fois... il résulte de toutes ces lettres que je vous trouve des enfans charmants et parfaitement à mon gré dans tous les points. Ne me laissez pas échapper, je vous en prie, les maisons près du camp dont vous me parlez. Si vous pouvez avoir les trois, c'est ce que je préfère, sinon ayez-en ce que vous pourrez. Je me fais un vrai plaisir de cette manière de passer mon été, car je ne doute plus que Lukner n'accepte. Il avoit toujours prévu et dit que *Rochampeau auroit la coutte quand il faudroit adâquer, et que lui il gomanteroit où on foudroit pourvu qu'il eût quelques gorps qu'il connoissoit, entres autres les crabonniers*[1] *dont il est sûr et dont il a besoin parce qu'il lui faut peaugoud de gavalerie et que nous n'en avons pas assez.*

« Phil[2] je vais presser auprès de M. Servant, colonel du 100 et quelque chose régiment d'infanterie, qui remplace de Graves au ministère, l'expédition de ton brevet[3] qu'il est incroyable que tu n'aies pas encore, car il a dû être signé le 30 avril dernier. Ce M. Servant est ami de Dumourier et on le dit un excellent patriote. Je le souhaite et l'espère. Je suis cependant fâché de me rappeler que je l'ai vu, il y a quatre ou cinq ans, sous-gouverneur des pages de la Grande Ecurie à Versailles. J'attends avec impatience d'apprendre que vous avez le général

[1] Carabiniers.

[2] Chartres.

[3] De maréchal de camp.

Lukner en fonctions, et j'arrive tout de suite. J'ai reçu hier des nouvelles de votre sœur et de Mme de Sillery à qui j'avois fait part de mon projet. Elle l'approuve aussi infiniment. Ainsi donc je le suis avec plaisir puisque tout ce qui m'intéresse et en qui j'ai confiance l'approuve. Vous aurez du drap pour vos manteaux, et Biron son sabre droit et plat. Dites-lui, de ma part, que je le lui enverrai ou le lui porterai, ce que j'aime mieux et espère... Adieu, mes chers enfants que j'aime de toute mon âme et embrasse de tout mon cœur. »

(XLVIII, 85.)

Paris, ce 11 mai 1792.

« Lukner est arrivé hier avec ses aides de camp et M. de Valence. Il est arrivé avec l'intention d'accepter purement et simplement le commandement de l'armée du Nord, et ce qu'il a appris ici des dispositions de cette armée lui a fait venir l'idée dans la nuit de dire ce matin au roi et aux ministres que l'on dît à l'Assemblée qu'il étoit venu offrir de se rendre à Valenciennes pour y établir l'ordre et la bonne intelligence entre tous les officiers de l'armée, qu'il n'y seroit que l'aide de camp de M. de Rochambeau, qu'il feroit tout son possible pour l'aider et l'engager à rester, et qu'ensuite il retourneroit à son armée; mais que si il ne pouvoit pas le décider à rester, quelque regret qu'il eût à quitter son armée, il prendroit cependant le commandement de l'armée du Nord. Il me paroît impossible que Rochambeau reste de cette manière, et je crois que ce seroit un grand malheur pour la chose publique.

« Lukner est meilleur officier et bon patriote. Il est assurément préférable. Au surplus Valence [1] fait de lui absolument ce qu'il veut. Je l'ai vu de mes deux yeux. Je crois qu'il est intéressant pour vous de lui témoigner amitié et confiance. Je vous y exhorte. Il m'a paru désirer beaucoup vous être utile. Servez-vous-en auprès de Lukner avec qui je crois qu'il vaut mieux servir qu'avec Rochambeau dans l'armée de qui la franchise et la droiture ne réussiront, je crois, jamais. L'avis de M. de Jarry se rapproche de celui que j'avois, et que l'on a fait passer à Dumou-

[1] Gendre de Mme de Genlis. Cyrus-Marie-Alexandre de Timbrune-Timbronne, comte de Valence (1757-1820), ancien écuyer du père de Philippe d'Orléans et colonel du régiment de Chartres-Dragons ; député suppléant aux Etats-Généraux ; émigra avec Dumouriez et le duc de Chartres ; rentré en France en 1801, il fut nommé sénateur et reprit du service ; pair de France en 1814, puis en 1819.

rier dans touts les commencements de ceci : c'étoit de laisser s'en aller le maréchal de Rochambeau, chose essentielle, selon moi ; de donner à Lukner le commandement des deux armées Rochambeau et La Fayette, et à faire passer La Fayette à celle de Lukner. Il l'a adopté un petit moment. Je ne sais ce qui l'a fait changer. Peut-être y reviendra-t-il. Selon moi, ce seroit ce qu'il y auroit de mieux. J'attendrai, au surplus, pour aller vous voir que ce combat de politesse, ou pour mieux dire, de finesse entre les deux généraux soit absolument terminé. Je désire fort qu'il se termine par le départ de Rochambeau. Envoyez-moi des nouvelles de ce que vous avez fait pour mon établissement. Adieu, chers enfants que j'aime beaucoup. »

(XLVIII, 85.)

Dans la lettre suivante, la phrase où Philippe, bien placé pour être renseigné sur les mouvements populaires, prédit l'invasion des Tuileries, est peu claire ; il paraît cependant souhaiter le maintien du régime et croit d'ailleurs (26 mai) que, quelque chose que l'on fasse, tout sera tranquille. Il pense aussi que le roi ne refusera pas de sanctionner le décret sur le serment des prêtres qu'il trouve *excellent*.

Paris, ce 15 mai 1792.

« J'ai reçu hier au soir les lettres que m'a apportées l'aide de camp de Biron. Vous avez arrangé mes affaires à merveille. La maison refuge Saint-Crépin ou celle de 400 l. me sont absolument indifférentes, mais j'en veux une des deux, parce que c'est pour Mme de B[uffon] qui désire avoir un établissement dans la ville. Je préférerois, je crois, celle de 400 l., pour elle, car pour moi, je préfère beaucoup les maisons de campagne. Le concierge, au surplus, ne me fait rien du tout...

« On croit dans Paris ou qu'il y aura un grand trouble d'ici à quelques semaines, ou que le r[oi] s'en ira. Cela seroit fort fâcheux à cause des intentions du roi de Prusse que je vous ai mandées l'autre jour.

« Adieu, mes enfants, au plaisir de vous voir qui sera grand pour moi. »

(XLVIII, 88.)

Voici encore quelques lettres relatives à un article du journaliste Carra paru, le 15 mai, dans les *Annales politiques et littéraires*. Elles dénoncent un prétendu comité autrichien qui aurait préparé une Saint-Barthélemy des patriotes pendant laquelle le roi eût pris la fuite et livré les places fortes aux émigrés et à l'ennemi. Carra accusait les ministres Bertrand de Molleville et Montmorin d'être du complot. Ces derniers s'adressèrent à un juge de paix nommé Larivière qui lança un mandat d'amener contre trois députés ayant renseigné Carra.

Cet incident souleva à l'Assemblée Nationale un violent débat qui dura plusieurs jours. L'Assemblée décréta que le juge de paix, quoiqu'il se prétendît couvert par un ordre du roi, serait traduit devant la Haute Cour pour avoir attenté à l'inviolabilité parlementaire. Louis XVI, malgré son inviolabilité constitutionnelle, fut d'autant plus mis en cause qu'il était intervenu par une lettre à l'Assemblée.

Brissot et Gensonné prirent alors l'engagement, qu'ils tinrent le 23 mai, de dévoiler l'existence de ce comité autrichien dirigé, disait-on, par la reine.

Brissot, comme Philippe le fait justement remarquer, s'était engagé là dans des choses bien difficiles et bien dangereuses : de même qu'au procès de Lessart, ancien ministre des Affaires étrangères décrété d'accusation pour avoir négligé et trahi ses devoirs, on ne pouvait se baser que sur des présomptions. Le 30 mai, jour même où Brissot dénonçait le comité autrichien, le maire de Paris, Pétion, donna au commandant de la garde nationale de service aux Tuileries l'ordre de surveiller le roi soupçonné de préparer une nouvelle fuite. Louis XVI adressa à Pétion une lettre très vive de protestation qui fut, ainsi que la réponse, rendue publique. Philippe, on le verra, était tout à fait du parti du maire :

Paris, ce 16 mai 1792.

« .... Il n'y a rien de nouveau ici. On disoit hier que Carra étoit arrêté en vertu d'un ordre d'amener et le scellé mis sur ses papiers, et que Roberspierre étoit parti. Je ne sais si cette nouvelle est vraie. On dit Mme de Lamballe assignée pour déposer dans l'affaire des ministres Lessart et Bertrand. On la dit aussi compromise avec Carra et Roberspierre, mais tout cela sont des on dit... »

(XLVIII, 89.)

18 mai.

« ... Roberspierre et Carra étoient hier tous les deux aux Jacobins. Il n'y a pas un mot de vrai à la nouvelle que je vous ai mandé. »

(XLVIII, 90.)

Paris, ce samedi 21 mai 1792.

« ... Il y a eu avant-hier au soir à l'Assemblée une séance très chaude sur la conduite d'un juge de paix, et hier décret d'accusation contre lui, à une grande majorité. Il y en aura une bien intéressante où M. Brissot s'est engagé à des choses bien difficiles et bien dangereuses, je crois. L'esprit de l'Assemblée, à ce que j'entends dire, car je n'y ai pas été depuis cinq ou six jours, devient beaucoup meilleur. Les Jacobins ont été fort raisonnables. Hier, tous les députés qui s'en étoient absentés depuis quelque temps à cause des divisions de Roberspierre, Guadet, Fauchet, etc., etc., y sont revenus, ont parlé sur l'union nécessaire dans cette société, et de cette société avec la partie saine de l'Assemblée. Tout le monde s'est levé, tous les chapeaux ont été en l'air, et tout le monde est sorti content, à ce que l'on m'a dit, car je n'y étois pas. J'irai ce soir prendre mon diplôme.

« Sillery ne sait pas encore s'il va commandant général à Saint-Domingue, ou non, mais il le croit, cela sera décidé sous deux jours.

« Adieu, mes chers enfants. A jeudi ou vendredi, je vous embrasse de bien bon cœur.

« On dit ici que Noailles a envoyé sa démission et qu'elle est acceptée ; Rochambeau fils l'a envoyée aussi, qu'elle est refusée. Je ne vous réponds pas de ces nouvelles. C'est cependant Pétion qui l'a dit à Sillery. »

(XLVIII, 91.)

Paris, ce 25 mars 1792.

« ... Je vous envoierai demain la lettre du roi contre le maire de Paris et la réponse de celui-ci avec l'explication qu'il donne de sa conduite à cet égard à ses concitoyens. On ne croit pas que le roi refuse la sanction au décret donné hier relatif aux prêtres. Il est excellent. Voilà tout ce qu'il y a de nouveau ici. Je vous embrasse de toute mon âme. »

(XLVIII, 94.)

Paris, ce 26 mai.

« Quoique je pense bien que vous trouverez dans

tous les papiers les lettres du roi et de Pétion, je joins cependant ici *La Chronique* où vous les trouverez réunies. Celle de Pétion à ses concitoyens a eu le plus grand succès dans Paris, même auprès de ceux qui prennent le titre de modérés. Je crois que, quelque chose que l'on fasse, tout sera tranquille ici...

« Je vous aime et vous embrasse comme vous savez. »

(XLVIII, 95.)

Nous sommes ici en présence d'un point d'histoire longtemps controversé et qui, par la déclaration très nette du principal intéressé, paraît maintenant élucidé. Il s'agit de la prétendue ruine de Philippe auquel, de son propre aveu, il restait, après le concordat passé avec ses créanciers, encore plus d'un million et demi de rentes.

Cependant, dans la requête présentée au tribunal de Paris par Madame d'Orléans pour obtenir sa séparation de biens, elle déclarait, qu'après avoir reçu en dot 6.100.000 livres et une rente perpétuelle de 50.000 livres, elle s'était vue contrainte d'engager toute sa fortune pour cautionner son mari qui ne lui allouait, pour toute pension, que 1.000 livres par mois.

Cette requête révèle, en outre, que l'actif de Philippe, évalué à 66.698.066 livres, était absorbé par un passif de 75.234.648 livres, réparti entre trois mille créanciers. Le jugement définitif de séparation ne fut rendu que le 8 octobre 1793, peu de jours avant la mort d'Egalité dont la ruine fut généralement attribuée à ce que lui avait coûté la Révolution. Cependant, il était difficile de croire que ses dettes avaient atteint le chiffre indiqué dans la requête de Madame d'Orléans.

Voici une lettre qui prouvera à quel point Talleyrand était bien renseigné quand il écrit dans ses *Mémoires* : « C'est de ce moment (son voyage de 1790 en Angleterre) que date la disparition de son immense fortune... Les fonds disponibles de M. le duc d'Orléans ont tous passé en Angleterre par des voies détournées et par des agents secrets qui, à la faveur de leur obscurité, ont pu être infidèles et jouir de leur vol.

« Telle est l'opinion des hommes qui étaient alors à la tête des affaires. »

Paris, ce 20 juillet [1792] l'an IV.

« ... Je crois que je vais en huit jours de temps

terminer toutes mes affaires et être sûr que j'aurai, à la fin de l'année, 1.700.000 livres de rente ne devant rien à personne et l'espérance d'accroissements... Je ne te mande pas les nouvelles du Midi, parce que tu les verras dans les papiers ; ce que je puis te dire, c'est qu'elles consternent tout ce qui n'est pas patriote à un point extrême. Les ministres s'en vont aujourd'hui. On n'est pas encore sûr de leur remplacement. Les patriotes espèrent les trois anciens et MM. Louvet, Grouvelle et Meunier de l'Académie des Sciences. D'autres croient M. Dubouchage, abbé Louis, de Maulde, etc.

« Adieu, mes chers enfants, écrivez-moi où vous en êtes avec Lukner pour que je sache où aller si je ne suis pas employé. »

(XLVIII, 97.)

Puis le père et les enfants échangent des nouvelles sur Paris et la frontière :

Paris, ce 23 juillet l'an IV [1792].

« ... Paris est fort tranquille aujourd'hui. On enrôle beaucoup de monde pour les frontières, mais la plupart sont des enfans qui seront sûrement réformés à l'inspection. »

(XLVIII, 98.)

Louis-Philippe à son père.

Moulins près Metz, ce 27 juillet 1792, l'an IV.

« Monsieur le maréchal[1] me charge de vous dire, cher papa, que le roi lui a défendu de laisser suivre l'armée aucun volontaire qui n'en auroit pas reçu de lui la permission par écrit et signée de lui-même. Il m'a chargé de vous témoigner tous ses regrets d'être obligé de ne pas vous recevoir sans cette permission, et que si le roi vous la donnoit, il vous recevroit avec le plus grand plaisir. Il a fait à M. de Biron la même défense de la part du roi. Je vous envoie un courrier afin que vous n'arriviez pas ici sans être muni de cette permission qui, j'imagine, ne vous sera pas refusée, à moins qu'on ne vous emploie dans votre grade d'amiral, car il n'y auroit qu'en vous donnant un autre moyen de servir la chose publique qu'on pourroit vous empêcher de venir la servir à l'armée, comme vous l'aviez fait pendant six semaines. Au reste, j'ai dit à Monsieur le maréchal que son absence vous assurant qu'il ne se passeroit rien pendant la marche, vous en aviez profité pour

[1] Luckner.

aller passer quelques jours à Paris où vous étiez appelé par vos affaires, que vous aviez été chez lui pour l'en instruire un moment après son départ, et que votre intention étoit de rejoindre l'armée sous très peu de jours, croyant d'ailleurs que toutes les lettres ministérielles, et notamment celle dans laquelle il est dit formellement que *non seulement le roi ne voit aucun inconvénient à ce que vous vous rendiez à l'armée, mais même qu'il l'approuve fort*, étoient des autorisations suffisantes, et ne pouvant imaginer qu'il en fallût d'autres.

« Adieu, cher papa que je chéris au delà de toute expression.

« L. PHILIPPE. »

(XLVIII, 225.)

Philippe d'Orléans à ses fils.

Paris, ce 29 août 1792, l'an IV.

« ... Le ministre Servan a dit à plusieurs membres de l'Assemblée que Lukner ne commandoit plus l'armée, ainsi ce n'est plus un secret. N'oubliez pas de lui envoyer et de m'envoyer aussi les noms des officiers que vous estimez. Méfiez-vous de Dampierre et ne le recommandez qu'après l'avoir bien examiné et bien sondé. C'étoit la créature de Rochambeau qui avoit fait venir son régiment de préférence à tous à Valenciennes, et ce Rochambeau est un bien vilain homme dont nous ne connaissons ni ne connaîtrons jamais, je crois, quels étoient les véritables projets.

« Vos trois lettres étoient cachetées du cachet de l'armée du Centre que vous trouverez ci-joint. Mandez-moi si c'est vous ou votre frère qui avez cacheté avec ce cachet. Je suis bien persuadé que l'on ouvre les lettres, et cela me paroît nécessaire dans une armée, mais cette exactitude à ouvrir les vôtres ou celles de votre frère me paroîtroit un peu extraordinaire. J'ai écrit aujourd'hui à votre sœur et à Mme de Sillery pour les engager à revenir le plus promptement possible. Je leur chercherai une maison commode où elles aient un grand jardin, cela n'est pas difficile à trouver maintenant à Paris. Adieu, chers enfants que j'aime et embrasse de toute mon âme. »

(XLVIII, 103.)

Le même à Louis-Philippe.

Paris, ce 19 septembre 1792, l'an IV, Ier de l'Égalité.

« ... Vous devez avoir reçu à présent l'ordre de

M. Servan de passer comme lieutenant général au corps de La Bourdonnoie, car je lui en ai écrit d'après sa dernière lettre, et il m'a fait dire qu'il en feroit partir l'ordre sur-le-champ. Je suis charmé que vous soyez avec lui. Vous ferez là un noyau de patriotes auquel tous les véritables défenseurs de la liberté se réuniront et qui sera diablement dur à casser pour messieurs les Prussiens ou Autrichiens. Je m'y réunirai aussi avec un grand plaisir si, comme je commence à le croire, car il n'y a plus que trois députés à nommer, je ne suis pas de la Convention Nationale; Sillery est nommé pour le département de la Somme et, depuis ce moment-là, tout va le mieux du monde. L'Assemblée [1] sera excellente. Sa femme ne doit pas hésiter à revenir, sa fille feroit la plus grande sottise de s'éloigner de Paris, et des chansons, et des *Vive*, *etc.*, *etc.* »

(XLVIII, 108.)

Voici enfin les lignes tracées par Philippe la veille même de son arrestation. Il pressent sa situation terrible, mais sa tendresse paternelle la domine encore. Se peut-il que son fils

[1] La Convention.

aîné ait trahi la cause à laquelle il a fait lui-même tant d'affreux sacrifices ? Dans cette cruelle anxiété un apaisement lui vient pourtant. La nouvelle que sa fille est enfin en sûreté lui « rend la vie ». Cette expression suffit à dépeindre les angoisses traversées, expiation de celles qu'il avait infligées à sa femme.

Paris, ce 5 avril 1793. L'an II de la République.

« Vous me rendez la vie, citoyenne Taupin, en me mandant où est ma fille. Si vous aviez été à Lille, comme je l'avois mis dans les instructions que je vous avois données pour ramener ma fille, elle seroit à présent ici et je serois bien heureux.

« Je vous ai écrit et à elle aussi 2 fois par la poste et une fois par les commissaires qui ont été arrêtés. Aussitôt que la loi des émigrés a donné à ma fille la possibilité de rentrer en France, prenez tous les moyens possibles de me la ramener à Paris. J'enverrai au-devant de vous aussitôt que l'on donnera des passeports. Venez, si vous le pouvez, par Valenciennes et Cambray. »

(XLVIII, 111.)

Ce 5 avril, l'an II [1793].

« Un officier de l'Etat-Major m'a dit hier de vous des choses que je ne puis croire. Serait-il possible que l'on vous eût aveuglé à ce point ? Non, je ne puis le croire. Je vais vous voir arriver à la barre[1] y prouver votre innocence. Si il en est autrement, je serai le plus malheureux des pères. »

(XLVIII, 115.)

VII

La première des lettres de Philippe adressées à Manuel est précieuse : elle permet de supposer que bien des distributions d'armes ou d'argent furent faites à son insu par des gens intéressés à se servir de son nom.

M. Manuel, Procureur de la Commune.

Paris, ce 29 août 1792, l'an IVe de la Liberté et Ier de l'Égalité.

« J'ai appris, Monsieur, le 12 ou le 13 de ce mois, qu'on avoit arrêté des effets à moi appartenant,

[1] De la Convention.

et qui venoient de l'armée du Nord. La raison qu'on m'en donna alors fut qu'on avoit trouvé sur la voiture du roulier qui les conduisoit une assez grande quantité d'armes. Je ne puis qu'approuver cette utile surveillance et, d'aujourd'hui, mes effets m'ont été rendus. Cette affaire paroîtroit donc terminée pour ce qui me concerne, sans l'avis que j'ai reçu hier à ce sujet. Un monsieur Chevalier, sergent-major de canonniers, m'a écrit hier (j'ai sa lettre entre les mains); voici ses propres expressions : *Il a été arrêté à la ville, sous le nom de M. Louis-P.-Joseph, prince françois, la quantité de* 260 *pistolets de ceinture qui ont été distribués dans les* 28 *sections.* Ce monsieur Chevalier est venu chez moi depuis, et m'a montré une paire de ces pistolets qu'il m'a dit lui avoir été délivrés, avec cette désignation, par le garde-magasin de la ville.

« J'imagine bien, Monsieur, qu'on aura découvert à présent d'où et par qui venoient ces armes, et qu'elles n'avoient rien de commun avec les effets à mon usage que je faisois revenir, que d'avoir été chargées par le roulier sur la même voiture. Ce qui me le persuade, c'est qu'on n'est venu prendre aucun renseignement de moi à cet égard, et que mes effets m'ont été rendus. Mais vous sentirez aisément que j'ai intérêt que ce bruit calomnieux soit détruit ; je demande donc que vous vouliez bien réprimer la personne qui le répand.

« Jamais les calomnies n'ont affaibli ni n'affaibliront mon entier dévouement à la chose publique, mais comme il est sans aucun intérêt personnel, il me paroît juste qu'il soit enfin sans aucun désagrément pour moi. Je profite, Monsieur, de cette occasion pour vous assurer de la profonde estime que m'a inspirée depuis longtemps votre énergique patriotisme.

« L. P. J. »

(XLVIII, 104.)

Le nom d'Egalité, qui venait d'être attribué à Philippe d'Orléans, fait l'objet de ses autres lettres à Manuel. Les élections de Paris par la Convention eurent lieu du 2 au 19 septembre. Philippe, qui n'était encore que candidat, adressa, le 17, une demande à la Commune afin qu'elle lui désignât un nom patronymique en remplacement de celui d'Orléans que proscrivait son origine féodale. Cette démarche paraît donc bien avoir été une manœuvre destinée à impressionner favorablement ses électeurs.

D'autre part, le conventionnel Sergent, officier municipal et administrateur de la police en 1792, raconte l'incident de la façon suivante :

« J'ai vu le duc d'Orléans hausser les épaules en recevant le nom d'Egalité qui lui fut donné par le procureur de la Commune de Paris, Manuel. Il m'en parla avec une pitié ironique, lorsque, sortant ensemble de l'Hôtel de Ville où je me trouvais en ce moment, je lui dis en riant : — Comme cela vous va bien, le nom d'une nymphe, à vous, colonel de hussards, et avec des moustaches noires ! [1]

« Il me répondit : — Vous me rendrez la justice que je ne suis pas venu à la Commune pour changer mes noms, et qu'on m'a imposé celui-là. Vous avez entendu les tribunes applaudir ce lourd Manuel : que pouvais-je dire et faire ? Je venais solliciter pour ma fille qui va être déclarée émigrée, et j'ai dû sacrifier à ce puissant intérêt ma répugnance à prendre ce nom burlesque pour moi [2]. »

[1] A l'exemple des officiers républicains et de son fils Louis-Philippe, Egalité avait, sans doute, laissé pousser ses moustaches en allant rejoindre l'armée du Nord.

[2] Cf. *Revue Rétrospective*, IIe série, t. III, p. 330.

La crainte, en tout cas, ne fut pas un des mobiles auquel il obéit en abandonnant le nom de ses pères, car Mme de Genlis raconte dans ses *Mémoires* que Philippe ne voulut jamais faire enlever les fleurs de lis qui ornaient son château du Raincy : « Je les ai laissées, disait-il, parce qu'il y aurait de la lâcheté à les ôter ».

A Manuel, Procureur de la Commune.

Paris, ce 17 sept. 1792, l'an IV de la Liberté, 1er de l'Égalité.

« Votre lettre m'a appris, Monsieur, que je m'étois trouvé à côté de vous. Si je l'avois su, je vous aurois renouvelé de vive voix les assurances des sentiments dont je vous ai parlé dans ma dernière lettre. Pour me procurer ce plaisir, voudriez-vous bien vous faire connoître à moi la première fois que je vous rencontrerai, *car je n'ai pas encore celui de vous connoître.* J'aurai à y ajouter des remerciements du nom que la Commune vient de me donner, dont je suis extrêmement flatté. Je sais, Monsieur, que vous n'avez pas peu contribué à lui faire prendre cette décision, et c'est un bonheur de plus pour moi de devoir en partie ce témoignage flatteur à un aussi bon citoyen que vous.

« Je suis, Monsieur, votre concitoyen.

« L.-P.-JOSEPH EGALITÉ. »

(XLVIII, 121.)

Paris, 17 sept. 1792, l'an IV de la Liberté, Ier de l'Égalité.

« Voudrez-vous bien [Citoyen (*rayé*)], Monsieur, vous charger de remettre à la Commune de Paris ce témoignage de ma reconnoissance et l'expression de mes sentiments. Je vous prie [Citoyen (*rayé*)], Monsieur, d'en recevoir en particulier mes remerciements.

« Je suis votre concitoyen.

« L.-P.-JOSEPH EGALITÉ. »

(XLVIII, 122.)

Paris, ce 16 sept. 1792, l'an IV de la Liberté, Ier de l'Égalité.

« Citoyens,

« J'accepte avec une reconnoissance extrême pour moi et mes enfants le nom que la Commune de Paris vient de me donner, elle ne pouvoit en choisir un plus conforme à mes sentiments et à mes opinions. Je vous jure, Citoyens, que je me rappellerai sans cesse les devoirs que ce nom m'imposе et que je ne m'en écarterai jamais [1].

« Je suis votre concitoyen.

« L.-P.-JOSEPH EGALITÉ [2]. »

L'arrêté du 15 septembre était ainsi conçu :

COMMUNE DE PARIS.

Sur la demande de Louis-Philippe-Joseph, prince français,

Le Conseil général arrête :

1° Louis-Philippe-Joseph et sa postérité porteront désormais pour nom de famille *Egalité ;*

2° Le jardin connu sous le nom de Palais-Royal s'appellera désormais *Jardin de la Révolution.*

3° Louis-Philippe-Joseph Egalité est autorisé à faire faire, soit sur les actes notariés, soit sur ceux de l'état-civil, mention du présent arrêté.

Le présent arrêté sera imprimé et affiché.

A dater de ce jour, Philippe, que ses fami-

[1] M. le duc d'Orléans était scrupuleusement attaché à sa parole ; il se regardait comme irrévocablement engagé pour un mot, prononcé même imprudemment. (Comte de La Marck, *Mémoires*).

[2] Cette lettre n'est pas inédite.

liers et ses serviteurs continuaient à traiter en prince, apposa sur la porte de sa chambre l'avis suivant :

« Je soussigné, L.-P.-Joseph Egalité, préviens toutes les personnes qui ont quelques gages, appointements ou pensions de moi, qu'à compter du jour de la Saint-Martin 1792, je leur ferai retenir, sur l'argent qu'elles reçoivent de moi, la somme de cinq sols par chaque jour dans le courant duquel elles m'auront qualifié [nommé par le nom *Monseigneur* (*rayé*)], d'un titre quelconque en me parlant ou en parlant de moi à d'autres. La somme qui résultera de cette amende sera donnée aux pauvres femmes des citoyens qui ont marché aux frontières. »

« L.-P.-Joseph Egalité. »

(*Intermédiaire*, 30 juillet 94.)

Ce fut un des griefs articulés contre lui au tribunal révolutionnaire : « Pourquoi, dans la République, souffriez-vous qu'on vous appelât prince ?

« — J'ai fait ce qui dépendait de moi pour l'empêcher ; je l'avais même fait afficher à la porte de ma chambre en observant que ceux qui me traiteraient ainsi seraient condamnés à l'amende en faveur des pauvres. »

VIII

Le discours dont le brouillon se trouve dans les papiers de Philippe n'a jamais été prononcé, du moins n'y en a-t-il pas trace dans le *Moniteur*. Egalité prit rarement la parole à la Convention, c'était un député muet ; comme il votait toujours avec la Montagne, Camille Desmoulins l'avait surnommé *un Robespierre par assis et levé*[1]. « M. le duc d'Orléans, dit le comte de La Marck dans ses *Mémoires*, n'a jamais pu vaincre sa timidité pour parler en public. Lorsqu'à une des séances du Parlement, il voulut s'opposer aux volontés du roi, on lui avait mis par écrit quelques lignes qu'il devait réciter. Au moment de les lire, il s'embarrassa, balbutia, et parvint à peine à se faire entendre. Il en fut de même à l'assemblée des Etats-Généraux. Au commencement de la réunion de cette assemblée, il s'était engagé avec ses amis à parler dans

[1] C. Desmoulins. *Fragment de l'histoire secrète de la Révolution sur la faction d'Orléans.*

la Chambre de la Noblesse pour déterminer la minorité à passer à la Chambre du Tiers.

« On lui avait, cette fois encore, préparé un petit écrit de quelques lignes ; mais, lorsqu'il voulut le lire, il perdit connaissance, et il fallut ouvrir les fenêtres pour le faire revenir à lui. »

Le projet de discours, si tant est que l'on puisse lui donner ce nom, doit être de fin novembre 1792. Ce fut, en effet, à cette époque que ses amis conseillèrent à Egalité de donner sa démission de conventionnel et de quitter la France avec sa famille.

Que ne saisit-il cette suprême planche de salut dont l'offre lui fut renouvelée, peu de temps après, et en termes flatteurs, à la tribune des Jacobins, par Robespierre lui-même[1] ! Mais

[1] Robespierre : — J'avais depuis longtemps le projet de demander l'exil de d'Orléans et de tous les Bourbons, et cette demande n'est point inhumaine, comme on vous l'a dit, car ils peuvent se réfugier à Londres et la Nation peut pourvoir d'une manière honorable à la subsistance de la famille exilée. *Ils n'ont point démérité de la patrie ;* leur exclusion n'est point une peine, mais une mesure de sûreté, et si les membres de cette famille aiment les véritables principes, ils s'honoreront de cet exil, car il est toujours honorable de servir la cause de la liberté. L'exil de cette famille ne dureroit sûrement que pendant les dangers de la patrie, et elle seroit rappelée lorsque la liberté seroit raffermie. (*Séance des Jacobins du 16 décembre* 1792.)

Philippe d'Orléans a encore foi dans les explications, les protestations :

« Je n'ai monté à la tribune que pour faire de nouveau ma profession de soumission aux lois et d'exactitude à tenir mes serments.

« *Je croyois que ma conduite justifioit assez mes principes pour n'y être pas obligé*, n'importe; qu'il me soit permis auparavant de rapprocher quelques circonstances que mes concitoyens ici présents n'ont peut-être pas *connues exactement, ou qu'ils ont oubliées.*

« A la fin d'octobre 1789, La Fayette, sur les sentiments duquel j'étois abusé ainsi que presque tous les François, m'engagea à m'éloigner pour quelque temps de France, et employa tous les mêmes moyens d'intérêt et de tranquillité publique que l'on emploie aujourd'hui. *Je répondis que ma vie, tous mes moments, étoient consacrés au service de mon pays, à sa prospérité et à son bonheur, que je me dévouerois toujours à ce qui lui seroit utile, mais que je ne pouvois quitter mon poste à l'Assemblée que pour le service de ma patrie dans un poste plus utile et avec son approbation.*

« On sait toutes les calomnies dont j'ai été écrasé *pendant* mon absence ; aujourd'hui, mêmes discours, mêmes moyens, *avec d'autres formes, sont employés* pour m'engager à m'éloigner ; *je retrouve toutes les mêmes choses, excepté la plate et froide figure de La Fayette,* et moi je fais toujours la même réponse en d'autres termes.

« J'ai fait serment de maintenir de tout mon pouvoir la liberté et l'égalité, ou de mourir à mon poste. Je ne serai point du nombre de ceux qui manquent à leurs serments, ni du nombre de ceux qui chercheroient des prétextes pour se soustraire aux lois ou à les éluder par quelque moyen que ce fût. Moi et mes enfants nous y soumettrons toujours sans murmurer, et je jure de nouveau que nous ne serons jamais que de simples citoyens françois, ou bien rien. »

(XLVIII, 120.)

Les phrases en italique sont de l'écriture de Philippe.

IX

La première de ces deux lettres a paru dans le *Journal de Paris.* Nous croyons, cependant, devoir la reproduire, car la seconde, inédite, n'en est que le commentaire. De leur lecture, il semble résulter que le rôle joué par Philippe d'Orléans comme grand-maître de la Franc-Maçonnerie fut purement honorifique, et que la Révolution n'eut rien à y voir.

D'ailleurs, l'ancien conventionnel Rouzet de Folmon, homme d'affaires et confident de Madame d'Orléans, raconte dans sa réfutation de l'histoire de la conjuration d'Orléans par Montjoye que presque toute la loge de Philippe émigra et, qu'à l'exception de Biron, aucun de ses membres ne figura dans la Révolution.

Il ajoute que le prince « se faisait un jeu de la Franc-Maçonnerie ; ses frères et compagnons ne cessaient de le lui reprocher ; il y introduisit sa femme [1] ».

Paris, ce 22 février 1793, l'an Ier de la République.

« J'ai vu, patriote Milscent, dans votre bulletin du 20 de ce mois, les inquiétudes qu'a conçues votre correspondant de Toulouse, sur ce que trois ou quatre loges de francs-maçons y ont repris leurs travaux, et sur *ce qu'on a fait recevoir maçons*

[1] « Le 28 février 1776, on célèbre en grande pompe l'affiliation de la pieuse duchesse de Chartres à la loge de la Folie-Trilon. » (Britsch. *Philippe Égalité avant la Révolution. — Revue des Questions Historiques*, juillet-août 1904).

une partie de l'Etat-Major : Je ne puis, malgré ma dignité de Grand-maître, vous donner aucun renseignement sur ces faits qui me sont inconnus ; mais je veux, au moins, vous mettre en état de répondre aux réflexions et considérations relatives à moi, qu'a mêlées votre correspondant à ses récits vrais ou faux.

« Tu sais, dit-il, qu'il a couru un bruit dans « toute la France que le citoyen Egalité, grand-« maître de toutes les loges, avoit un grand parti « à Paris. » En effet, dès le mois de juillet 1789, le parti de la Cour répandit ce bruit qu'il croyoit, apparemment, utile à ses vues. Un ramas de calomniateurs contre-révolutionnaires s'en empara au mois d'octobre de la même année et, depuis, un parti d'intrigants a essayé de le rajeunir, j'ignore à quelle fin. Mais de cela seul qu'on en parle dans toute la France depuis quatre ans, sans que personne en ait produit une preuve, un indice, il me semble que tout homme de bonne foi doit en conclure que ce parti n'existe pas, qu'il n'a jamais existé.

« A la vérité, on n'avoit pas encore imaginé jusqu'à présent d'ajouter cette considération que j'étois grand-maître de toutes les loges de

France ; mais cela prouve seulement, d'une part, que toutes les inventions se perfectionnent avec le temps, et d'autre, que dans les cas désespérés on fait ressource de tout. Je ne vois pas que d'ailleurs cela puisse ajouter grand poids dans la balance des probabilités.

« Quoi qu'il en soit, voici mon histoire maçonnique :

« Dans un temps où, assurément, personne ne prévoyoit notre Révolution, je m'étois attaché à la Franche (*sic*) Maçonnerie qui offroit une sorte d'image de l'égalité, comme je m'étois attaché aux Parlements qui offroient une sorte d'image de la liberté. J'ai depuis quitté le phantome (*sic*) pour la réalité.

« Au mois de septembre dernier, le secrétaire du Grand Orient s'étant adressé à la personne qui remplissoit auprès de moi les fonctions de secrétaire du grand-maître pour me faire parvenir une demande relative aux travaux de cette société, je répondis à celui ci en date du 5 janvier :

« Comme je ne connois pas la manière dont le « Grand Orient est composé, et que, d'ailleurs, je « pense qu'il ne doit y avoir aucun mystère ni « aucune assemblée secrète dans une république,

« surtout au commencement de son établissement,
« je ne veux plus me mêler en rien du Grand Orient
« ni des assemblées de francs-maçons. »

« Je reviens à votre correspondant. Il dit : « Il « a couru ici un bruit, qui peut être faux, que cet « Egalité étoit à Toulouse, pour visiter les départ-« tements. » Comme depuis le commencement de la Convention Nationale, je n'ai jamais été deux jours sans assister à ses séances, il sera clair, même pour le correspondant, que je n'ai pas fait de voyage à Toulouse ; je n'en dirai pas davantage sur cet objet.

« Mais il dit encore : « Tu sais aussi peut-être que « les aristocrates disent tout haut qu'ils veulent « *la Liberté*... et l'EGALITÉ », et ce mot EGALITÉ, imprimé en petites capitales, me désigne évidemment, à l'aide d'un calembour.

« Assurément, depuis qu'on a réduit en formule le nom de Liberté et d'Egalité, je ne doute pas que le correspondant ne l'ait entendu, ainsi que moi, prononcer par beaucoup d'aristocrates, mais j'avance aussi que je doute beaucoup que ce soit moi qu'ils veulent et qu'ils désignent dans leurs vœux ; en tout cas, je suis bien aise d'avoir cette occasion de les prévenir publiquement que, s'ils veulent de moi, moi je ne veux point d'eux, et j'ajoute que je ne veux pas davantage de tout parti, attroupement, société, intrigue ou conciliabule qui auroit le projet de me faire avoir ou partager un pouvoir quelconque. Je vous prie, patriote Milscent, de faire parvenir cette réponse à votre correspondant par la voie de votre journal. »

(*Brouillon d'une écriture inconnue*).

(XLVIII, 127.)

A un franc-maçon.

Paris, le 21 mars 1793, Ier de la République.

« J'ignore, mon frère, si ma lettre au citoyen Milscent a été relatée fidèlement dans le *Journal de Paris* où vous me mandez l'avoir lue. Pour éviter toute équivoque à ce sujet, je vous en adresse un exemplaire que je garantis exact. Vous n'y verrez sûrement rien dont vous puissiez avoir à vous plaindre. La déclaration que j'y fais, ou plutôt que j'y cite de la résolution que j'ai annoncée dès le mois de janvier dernier, n'est absolument relative qu'aux fonctions de grand-maître. Elle ne porte ni ne peut porter sur la Maçonnerie dont l'institution m'a toujours paru louable ; mais il convient mieux à mes principes de n'être qu'un simple maçon, que d'être grand-maître d'aucun ordre ou société ; et sûrement aussi il convient mieux aux circonstances que je ne sois d'aucune assemblée qui ne soit pas entièrement publique. Je persiste même à penser que toute assemblée secrète tenue en ce moment, quelque louable qu'en soit le but, a au moins l'inconvénient d'appuyer de l'autorité de l'exemple celles qui pourroient être réellement dangereuses ou même criminelles.

« Ce sentiment, très conforme à ceux que j'ai toujours vu pratiquer dans les loges de Maçonnerie, ne diminue en rien l'estime et l'attachement que je conserverai toujours pour cette société et pour ceux qui en pratiquent les maximes philanthropiques.

« Je suis très fraternellement votre concitoyen. »

(XLVIII, 128.)

X

« D'Orléans, a dit Talleyrand, est le vase dans lequel on a jeté toutes les ordures de la Révolution. » Ce prince est, en effet, enseveli sous un tel amas de pamphlets, de libelles et d'accusations que, pour essayer de reconstituer sa personnalité vraie, il faut d'abord le dégager de la boue où il est enlisé. La correspondance que nous venons de donner y contribuera dans une certaine mesure, en révélant, sinon un bon époux, du moins un excellent père; elle redressera certaines erreurs manifestes qui avaient fini par devenir de véritables articles de foi historique : entre autres l'asile que l'on supposait donné par Philippe aux agitateurs dans son jardin du Palais-Royal, et sa prétendue ruine causée par ses inépuisables largesses révolutionnaires.

Cet homme, qui passa pour un indolent occupé de ses seuls plaisirs, nous apparaît, au contraire, très soucieux de ses affaires, n'écrivant jamais le moindre billet sans en conserver la minute, et n'employant de secrétaire que pour les lettres officielles ou devant être reproduites dans les journaux. Sa correspondance intime avec ses fils dénote un patriotisme sincère, des mouvements généreux, la crainte de paraître lâche [1], un désir ardent de servir à tout prix « la patrie en danger », désir contrarié jusqu'à

[1] Cf. lettre XLVIII, 83.

la fin par le mauvais vouloir du roi, de ce roi auquel, malgré tout, Philippe semble être demeuré fidèle jusqu'au tragique premier jour de l'an 1792 où, poursuivi par les crachats des courtisans, il l'abandonne.

On peut dire que la vie de Philippe d'Orléans a été mal localisée dans le temps. Vivant à une époque moins troublée, avec ses qualités et ses défauts, il eût peut-être laissé le souvenir, sinon d'un grand, du moins d'un bon prince, digne petit-fils d'Henri IV par son courage, et du Régent par son esprit.

Il eût été alors, selon Talleyrand, « le premier des sujets, assez grand pour protéger, jamais assez pour opprimer, plus puissant qu'aucun individu, mais moins puissant que la loi, que le roi qui en était l'image... l'un des canaux les plus naturels par qui la bienfaisance particulière du monarque pouvait descendre sur les peuples, et la reconnaissance des peuples remonter jusqu'au trône [1] ».

Mais il faillit à ce beau rôle héréditaire ; sa destinée tragique lui en réservait un autre.

[1] *Mémoires.*

Dans la longue suite des Capétiens qui, de l'aurore de la Monarchie jusqu'à son déclin, ont travaillé à faire la France, Louis-Philippe-Joseph d'Orléans est cette figure voilée devant laquelle on passe en détournant les yeux.

APPENDICE

APPENDICE

I

Fragment d'une lettre de la duchesse d'Orléans à son mari.

[1790]

« ...D'après ce que vous m'avez dit, mon cher ami, au sujet de l'observation que j'ai faite à mon fils, je crois que je ferai peut-être bien de lui dire que, s'il m'avoit fait connaître votre intention, je me serois arrêtée au premier mot. Ce n'est pas que j'aie changé de manière de voir ; mais si nos enfants peuvent nous croire des opinions différentes, je désire que cela n'influe pas sur leur conduite ; cela les mettroit trop mal à leur aise et, sur ce point, pour ce qui a rapport à eux, certainement je leur donnerai l'exemple de la soumission.

« La petite note précédente, et que je compte

toujours vous remettre avec toutes les autres, comme vous voyez, vous prouvera, cher ami, que pour les choses qui ne portent pas essentiellement sur l'existence future de mon fils, je cède et céderai toujours ; mais la démarche qu'il veut faire est d'un genre trop sérieux pour que je ne fasse pas encore des représentations à ce sujet.

« C'est un devoir vis-à-vis de vous et vis-à-vis de lui. Je vous répète qu'il m'a causé hier une peine mortelle, et je vous avoue que j'ai été aussi étonnée et affectée que vous ayez consenti à un arrangement de cette espèce sans m'en avoir dit un seul mot. Je vous avoue que j'espérois être consultée pour ce qui a rapport à mon fils ; si cela n'est pas, je suis destinée à jouer un rôle passif (ayant trop d'honnêteté et d'attachement pour vous, pour marquer à cet enfant que je désapprouve ce que vous conseillez, ou ce à quoi vous avez consenti) et il pourrait en résulter des choses fâcheuses ou pour l'un, ou pour l'autre, et même peut-être pour l'un et l'autre.

Cette nullité ne le frapperoit peut-être pas d'abord ; mais lorsqu'il réfléchira, ou il me croiroit nulle par caractère et n'aurait ni confiance ni déférence pour moi, ou il verroit que mes droits m'ont été ôtés, que cette nullité étoit forcée. Chercher dans ce cas-là à le rapprocher de moi, à l'éclaircir, seroit peut-être alors, en quelque sorte, l'éloigner un peu de vous. Il faudroit donc lui fermer mon cœur ou courir ce risque. Cette réflexion m'est affreuse, m'est bien pénible, car l'un ou l'autre de ces inconvénients m'affligeroit bien profondément. Je vous dis ceci, en général, sur tout ce qui peut avoir rapport à sa conduite, car quant à cet objet-ci, il ne pourra pas ignorer mon opinion. Je suis très sûre que mon père dira et aura soin même de faire dire que je suis très fâchée que mon fils aille aux Jacobins, et peut-être même exigera-t-il que je lui dise mon opinion à lui-même afin qu'il ne puisse pas me reprocher un jour de ne l'avoir pas averti. Vous êtes convenu vous-même, mon cher ami, qu'il y a de grands inconvénients ; examinons-les nous-mêmes et voyons, mon cher ami, si les avantages peuvent les balancer.

« Encore une fois, si les Jacobins étoient composés de députés seulement, ils seroient moins dangereux, parce qu'ils seroient connus par leur conduite à l'Assemblée, et que l'on pourroit prévenir mon fils; mais comment le mettre sur ses gardes vis-à-vis d'un tas de gens qui y ont la majorité et qui sont bien propres à égarer les principes d'un jeune homme de dix-sept ans? Si mon fils en avoit vingt-cinq, comme je vous l'ai dit, je ne serois point tourmentée, parce qu'il pourroit distinguer lui-même; mais, à dix-sept ans, jeté dans une société de ce genre, en vérité, mon ami, cela n'a pas de raison; et que ce soit nous, que ce soit ses parents qui, pour finir son éducation, l'envoient aux Jacobins, me paroît et paroîtra sûrement à tout le monde une chose inconcevable, et me feroit en vérité regretter qu'il soit sorti des mains de Mme de Sillery. C'est pour qu'il apprenne à parler, que vous voulez passer par-dessus tous les dangers que vous ne pouvez pas ne pas envisager pour lui; et vous me dites, mon cher ami, pour me faire voir ces avantages comme vous, qu'un fameux orateur anglois ne le seroit pas, s'il n'avoit appris à parler de bonne heure. Je vous répondrai à cela, que c'est sûrement en assistant aux séances du

Parlement, aux assises, aux plaidoyers, qu'il a appris cet art, et que mon fils aura la même facilité sans aller aux Jacobins. Qu'il suive l'Assemblée Nationale et les séances des nouveaux tribunaux quand ils seront établis, et pour peu qu'il y ait des dispositions, il y apprendra à parler tout comme on apprend en Angleterre.

« D'ailleurs, mon cher ami, pourquoi n'attendrions-nous pas la nouvelle législature ? Ce n'est différer que de quelques mois, et peut-être, à cette seconde législature, épurera-t-on les Jacobins, comme il en a déjà été question. »

(Correspondance de L.-P.-J. d'Orléans.)

II

Le brevet d'Amiral.

Voici la rédaction étrange de ce brevet d'amiral « honoraire » qui avait causé une si grande joie à Philippe et failli le réconcilier avec le roi :

AU NOM DE LA RÉPUBLIQUE FRANÇAISE

—

BREVET D'AMIRAL

Pour Louis-Philippe-Joseph Egalité, lieutenant général des armées navales

NÉ LE 13 AVRIL 1747.

DÉTAIL DES SERVICES	CAMPAGNES, ACTIONS, BLESSURES
Chef d'escadre, 1er avril 1776. Lieutenant général, 4 janvier 1777.	3 campagnes, la dre en 1778, commandant le Saint-Esprit en division de l'escadre du lieutt. gal. d'Orvilliers, faisant 10 mois 27 jours de navigation dont 5 mois 8 jours en paix, et 5 mois 19 jours en guerre, 10 mois 27 jours. 1 commandement en division d'escadre. 1 combat, le 27 juillet 1778, celui d'Ouessant.

Le Conseil exécutif provisoire prenant une entière confiance dans l'expérience au fait de la navigation, la valeur, la bonne conduite, le zèle, le patriotisme et les anciens services du lieutenant général des armées navales Louis-Philippe-Joseph Egalité, l'a confirmé dans le grade d'amiral auquel il avoit été promu le premier janvier mil sept cent quatre-vingt-douze, pour, en cette qualité, servir dans l'armée navale, commander les escadres et vaisseaux de la République, sous son autorité et sous ceux du ministre de la Marine et des Colonies, et pour jouir des appointements et du rang qui lui sont attribués par les loix à compter du dit jour 1er janvier 1792. Mande et ordonne le Conseil exécutif provisoire à tous officiers civils et militaires de la Marine, soldats, matelots et autres qu'il appartiendra, de le reconnoître en ladite qualité d'amiral.

Fait à Paris, le premier jour du mois de janvier mil sept cent quatre-vingt-treize, l'an deuxième de la République française.

Par le Conseil exécutif provisoire,

GARAT

Le ministre de la Marine,

MONGE

L. S. Vu en Directoire du département de Paris, le trente-un janvier 1793,

L'an deuxième de la République française.

LA CHEVARDIÈRE,

Vice-présidt.

BOURGAIN

E.-J.-B. MAILLARD

RAISSON,

Secº. gl.

(*Original*). (XLVIII, 311.)

TABLE DES MATIÈRES

PREMIÈRE PARTIE

LA DUCHESSE D'ORLÉANS ET MADAME DE GENLIS

DEUXIÈME PARTIE

LE DUC D'ORLÉANS ET SES ENFANTS

ÉVREUX, IMPRIMERIE CH. HÉRISSEY, PAUL HÉRISSEY, SUCC[r]

ÉVREUX, IMPRIMERIE CH. HÉRISSEY, PAUL HÉRISSEY, SUCC^r

www.ingramcontent.com/pod-product-compliance
Ingram Content Group UK Ltd.
Pitfield, Milton Keynes, MK11 3LW, UK
UKHW021852190726
13855UKWH00001B/272